SKETCHES INÉDITS

DU MÊME AUTEUR

AU CHERCHE MIDI

Les 40èmes délirants, 2002.

Une chenille nommée Vanessa, 2003.

Sans titre de noblesse, 2005.

Rêvons de mots, 2007.

CHEZ D'AUTRES ÉDITEURS

Ça n'a pas de sens, Denoël, 1968.

Sens dessus dessous, Stock, 1976.

À plus d'un titre, Olivier Orban, 1989.

Matière à rire, Plon, 1991.

Un jour sans moi, Plon, 1996.

RAYMOND DEVOS

SKETCHES INÉDITS

Collection
Le Sens de l'humour

le
cherche
midi

23, rue du Cherche-Midi, 75006 Paris.

Vous pouvez consulter notre catalogue général et l'annonce
de nos prochaines parutions sur notre site Internet :
cherche-midi.com

LE DÉDOUBLEMENT

La survie du squelette

Souvent, les gens me disent :

– Pourquoi ne faites-vous pas de cinéma ?

Ce ne sont pourtant pas les propositions qui m'ont manqué.

Récemment, je reçois un coup de fil d'un metteur en scène de cinéma fort connu. Il me dit :

– Voilà ! Je tourne un film sur la préhistoire intitulé *La Survie d'un squelette*. J'ai pensé à vous pour le rôle du squelette.

– Vous ne m'avez pas bien regardé...

– Si ! Et plus je vous vois, plus je trouve qu'il y a en vous quelque chose de primitif... quelque chose de l'homme de Cro-Magnon, je ne sais quoi de néandertalien...

– Ah, ai-je dit, vous me l'apprenez.

– Voulez-vous entrer dans la peau de mon squelette ?

J'ai dit :

– Écoutez... en tant que comédien, je suis souvent entré dans la peau d'un personnage, mais comment peut-on entrer dans la peau d'un squelette qui, précisément, n'a pas de peau... ?

Il me dit :

– Lorsque vous voulez entrer dans la peau d'un personnage, comment vous y prenez-vous ?

– J'emploie la méthode Coué.

Il me dit :

– La méthode quoi ?

– Coué ! Coué, c'est l'inventeur de la méthode... Exemple : supposez que je veuille entrer dans la peau de ce monsieur Coué... Je me dis et redis inlassablement : je suis Coué ! Je suis Coué ! Et à force de répéter avec conviction : « Je suis Coué », je deviens ce « Coué ».

– Eh bien, voilà ! me dit-il. Employez la même méthode pour le squelette ! Au lieu de dire : « Je suis Coué », vous n'avez qu'à répéter : « Je suis un squelette ! Je suis un squelette ! » et vous deviendrez un squelette !

– Le squelette de qui ?

– Le squelette d'un chasseur de peaux qui a vécu à l'époque des cavernes... (Il y a deux millions d'années.) Il chassait les animaux sauvages afin de se vêtir de leurs peaux... Les bisons, les taureaux, les ours... Il avait même réussi à mettre quelques peaux de côté pour ses vieux jours. Il est mort à la fleur de l'âge... Seul son squelette a survécu... parce que, à l'époque, il n'y a que les squelettes qui faisaient de vieux os.

Je lui dis :

– Mais comment ce squelette a-t-il pu s'échapper aux fouilles ?

– C'est tout le sujet du film ! Je vous explique la scène : le paléontologue, une vraie peau de vache celui-là... entre dans la caverne... pour faire main basse sur le squelette et crie : « Sors de là, squelette, tu es fait comme un rat ! Tes abattis sont numérotés et j'ai noté les numéros. » Aussitôt, le squelette s'empare d'une peau de bête, s'y glisse dedans et fait la bête !

Je lui dis :

– S'il ne s'agit que de faire la bête, je suis votre homme !

Il me dit :

– Venez demain matin au studio... huit heures précises !

Dans la nuit qui a suivi, j'ai rêvé que j'étais un squelette. Je me tenais sur le bord de la route... Je faisais du stop... Avec l'os de mon pouce, je faisais signe à toutes les peaux de bêtes qui passaient que j'allais dans leur direction. Aucune ne s'arrêtait. Et de loin, qui je vois venir vers moi ? Le squelette d'un petit bout de femme... d'un mètre cinquante environ... un squelette en parfait état de marche... C'était la petite Lucy... Elle avait une allure... la démarche souple, élégante... j'étais subjugué... Moi, tout homme de Cro-Magnon que j'étais, je lui ai emboîté le pas... Je la voyais se déhancher devant moi... Tout mon squelette en frémissait. Je sentais monter en moi la moelle de mes os. Arrivé à sa hauteur, je lui ai envoyé une petite tape sur le sacrum... Là, j'ai réalisé que j'étais tombé sur un os ! Comme elle semblait m'ignorer... pour attirer son attention, je me suis mis à rouler des mécaniques… et un squelette qui roule les mécaniques… cela fait du bruit ! Mais la petite Lucy ne voulait rien entendre. Peut-être a-t-elle accentué légèrement son déhanchement ? Mais… je ne le jurerais pas. Alors, je me suis mis à danser autour d'elle en claquant des doigts. Chaque fois que je claquais des doigts, il y en a un qui tombait sur le sol. Au bout de quelques claquements, je n'avais plus que deux moignons. Avec mes deux moignons, je me suis frappé la poitrine. « Arrête de faire le singe, gros moignon ! Ce n'est plus de ton âge ! » Là-dessus, qu'est-ce que j'entends venir de loin ? Bison futé ! Enfin… la peau du bison futé… avec ses gros sabots ! J'ai voulu lui faire signe de s'arrêter mais, avec mon poing, je n'avais aucune chance. C'était plutôt une menace ! Pendant que je cherchais parmi les bouts de doigt qui jonchaient le sol l'os de mon pouce, je vois la petite Lucy qui jouait du fémur… La peau de bison futé s'est arrêtée… Il avait dû se délester de son squelette parce qu'il rentrait à vide. Il n'avait gardé que ses gros sabots.

– Vous êtes libre ?

Il l'était. Aussitôt, la petite futée a glissé son squelette dans la peau de bison.

– Au musée de l'Homme ! dit-elle.

– Que vas-tu faire au musée de l'Homme ? lui dis-je.

– Je vais faire don de mon squelette à la science.

– Dites-leur bien que c'est à partir d'une côte d'Adam que Dieu créa le squelette de la femme.

Elle a retiré une de ses côtes. Elle me l'a lancée comme on jette un os à un chien...

– Maintenant, nous sommes quittes !

Là-dessus, je me suis réveillé.

Huit heures. Je me précipite au studio. Le metteur en scène me dit :

– Mettez-vous tout de suite en tenue de squelette ! Allez voir l'habilleuse pour qu'elle vous donne une peau de bête qui vous aille !

– Où ça ?

– Là ! Où il est écrit « Dépôt des peaux » !

Je m'y rends... j'entre. L'habilleuse me dit :

– Dépiautez-vous !

Bon ! Je me dis et me redis : « Je suis un squelette. Je suis un squelette. » Et à force de répéter... Ah, dis donc ! Je me vois dans la glace... J'étais devenu un squelette... Cela fait un drôle d'effet. Il faut avoir le cœur bien accroché. Au-dessus de la ceinture, cela allait encore. Mais sous la ceinture ? Je ne me reconnaissais ni d'Ève ni d'Adam. Le néant, le Neandertal ! Parce que d'aucuns prétendent qu'à cet endroit, il y a un os... il y a peau de balle !

L'habilleuse ramasse ma dépouille, l'accroche à un cintre avec les accessoires... Je lui ai fait observer qu'habituellement... ce genre d'accessoires ne se portait pas autour du cou… Elle décroche une peau de bête, une peau de zèbre…

– Tenez !

J'y glisse mon squelette. Elle me dit :

– Ça ne vous va pas. Vous avez l'air d'un bagnard en cavale dans son petit costume rayé !

Elle me tend une peau de taureau…

– Essayez celle-ci !

Je prends la peau de taureau par les cornes et je fonce tête baissée. Je me regarde dans la glace. Ah, dis donc ! Il manquait les deux oreilles et la queue ! Là, j'ai dit :

– Je veux bien jouer les taureaux mais… entiers !

Elle me tend une peau d'ours… J'y glisse mon squelette…

– Rrr ! Rrrr !

– Ah, me dit-elle, vous êtes entré facilement dans la peau de l'ours ?

J'ai dit :

– Non ! C'est l'ours qui n'en est pas encore sorti !

Elle dit :

– Ah, les salauds ! Ils m'ont vendu la peau de l'ours avant de l'avoir tué !

À ce moment-là, le haut-parleur :

– On demande le squelette sur le plateau avec sa peau de bête.

Je dis à l'habilleuse :

– Vite ! Passez-moi une peau !
– Vous les avez toutes essayées. Elles ne vont pas.
– Bon ! Alors, rendez-moi ma peau !
Je prends la peau sur le bras et j'arrive sur le plateau. Le metteur en scène me dit :
– Allez, on tourne ! Action !
Le paléontologue entre et crie :
– Sors de là, squelette ! Tu es fait comme un rat !
Aussitôt, je glisse mon squelette dans ma peau. Le paléontologue, qui s'attendait à voir un type avec une peau de bête et qui tombe sur un type à poil, s'étonne :
– Qui es-tu toi ?
Je dis :
– Coué... ?
– Qui es-tu toué ?
– Moué ?
Le metteur en scène :
– Arrêtez ! Qu'est-ce que vous faites ? Vous êtes fou ? Vous devez dire : « Je suis un squelette. Je suis un squelette. »
Et il commence à me secouer...
Moi :
– Je suis se... coué... je suis secoué...
Le metteur en scène :
– Ce type est secoué. Trouvez-moi un autre squelette !
Je retourne au dépôt des peaux. Je dis à l'habilleuse :

– Vous avez oublié de me rendre les accessoires...
Elle était en train de les repasser. Je lui dis :
– Passez-les-moi !
Elle me les repasse... Elle me les met autour du cou...
Ce n'étaient pas les miens ! C'étaient les accessoires de l'ours !
Comme j'y gagnais, je n'ai rien dit !

Le penseur

Récemment, je suis allé au musée Rodin. On y exposait les œuvres du célèbre sculpteur Auguste Rodin. Je voulais voir en particulier son *Penseur*, le fameux *Penseur* de Rodin.
Pourquoi *Le Penseur* ?
Parce qu'étant penseur moi-même, je voulais confronter nos deux façons de penser, nos différentes attitudes...
Parce que *Le Penseur* de Rodin, lui, pense assis, tout nu... – il faut le faire ! – et les yeux baissés.
Et le penseur de Devos...
Je pense debout, tout habillé... – il faut le faire aussi ! – et les yeux levés vers le ciel.
Deux attitudes diamétralement opposées.
Laquelle de ces deux attitudes était la plus favorable à l'exercice de la pensée ?

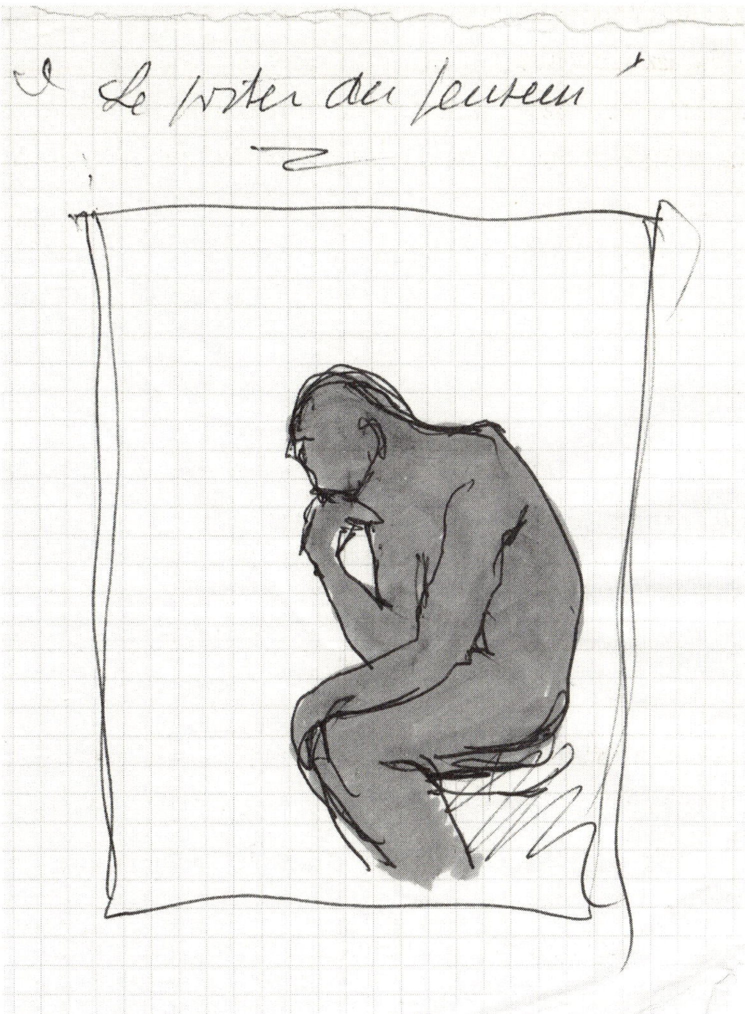

Le poster du Penseur *(dessin de Raymond Devos).*

C'est ce que je voulais vérifier. Je me rends au musée Rodin.

Tout de suite, dans le hall, je vois trois danseuses nues qui se tenaient par la main et qui dansaient immobiles... trois corps d'albâtre superbement moulés !

Comme j'avançais la main pour voir en quelle matière elles étaient faites, le gardien me dit :

– On ne touche pas, monsieur ! On ne touche pas ! Ou alors il y a un petit supplément !

Et tout de suite, le gardien leur a adressé la parole comme à des êtres de chair :

– Plus haut la jambe, mes petites chattes ! Plus haut la jambe !

Je lui dis :

– Gardien, je ne suis pas venu ici pour tenir la jambe à des danseuses nues, fussent-elles de Rodin, je suis venu pour voir *Le Penseur*.

Il me dit :

– Vous auriez pu le dire plus tôt que vous étiez un intellectuel ! *Le Penseur* est dans le parc. Suivez-moi !

On traverse des salles pleines de sculptures de toutes sortes... que des nus !

Et devant chaque nu connu, il me dit :

– On ne touche pas, monsieur ! On ne touche pas ! Ou alors il y a un petit supplément.

Finalement, je n'ai rien touché et lui non plus !

Et l'on arrive dans le parc. Il me dit :
– Le voilà, votre *Penseur* ! Je vous laisse en tête à tête. Monumental !
Le Penseur de Rodin, sur son piédestal, au milieu d'un parterre de pensées…
Il était fait de matière grise… intouchable !
Pour mieux l'observer, je suis allé m'asseoir sur le banc de pierre qui lui faisait face. Et insensiblement, par mimétisme sans doute, j'ai pris la pose…
Et là, il s'est passé quelque chose… Nos regards se sont croisés…
Tout de suite, ça a été l'épreuve de force, le bras de fer entre deux éminents penseurs.
C'était à celui qui ferait baisser les yeux de l'autre. Et tout à coup, j'ai vu son petit doigt remuer. Manifestement, il me faisait un appel du pied. Je m'approche… Il me dit :
– Pouvez-vous me remplacer un moment ? Je dois me rendre au musée de l'Homme ; j'ai une déclaration importante à y faire…
Je lui dis :
– Quel genre de déclaration ?
Il me dit :
– La déclaration des droits de la statue ! Je veux que chaque statue puisse finir ses jours allongée sur une dalle, les mains jointes, dans la position d'un gisant. Je veux pour chaque statue une dalle, comprenez-vous ?

– Une dalle, dalle, dalle, réclamait comme en écho le chœur des statues.

– Vous l'aurez, votre dalle, a dit le penseur. Faites confiance à votre délégué syndical !

Il est descendu de son piédestal. Il m'a dit :

– Allez, échangeons nos vêtements !

Je lui passe les miens. Lui, il ne me passe rien ! Je dois dire que lorsque j'ai vu le penseur s'éloigner dans mon petit costume... Il avait perdu de sa stature... Un petit bonhomme quelconque, insignifiant presque, qui traînait les pieds dans mes sandales... dales... dales... alors que moi, j'étais entré de plain-pied dans la peau du penseur... Le nu me seyait... oui, madame !

La preuve que je ne déparais pas, c'est que le chœur des statues :

– Bienvenue parmi nus !

Je suis monté sur le piédestal... Je me suis assis sur la pierre encore chaude... et j'ai pris la pose... Et là, je me suis surpris à penser que, dans cette posture, on ne pensait à rien ! Mais à rien ! À rien ! Pas la plus petite pensée même simpliste dans le style « Je pense donc je suis » ou « Être ou ne pas être » ! La question ne se posait même pas.

Ainsi donc, cette posture était une imposture. Ah, l'énorme supercherie ! Le fabuleux canular ! *Le Penseur* de Rodin donnait peut-être à penser mais il ne pensait pas par lui-même ! La seule pensée qu'il reflétait était celle du génial sculpteur qui avait dû la lui enfoncer dans le crâne à grands coups de maillet et de burin. J'ai crié :

– C'est un scandale... dale... dale... dale !

C'est alors que je vis pénétrer dans mon champ visuel les trois danseuses nues qui exécutaient une danse lascive... des plus suggestives !

Aussitôt, j'ai senti mon esprit se remettre en mouvement. Incontestablement, ces trois corps d'albâtre superbement moulés me donnaient des idées. Enfin... je pensais...

Je ne pensais même plus qu'à ça ! Je me suis surpris à crier :

– Plus haut la jambe, mes petites chattes ! Plus haut la jambe !

Elles se sont immobilisées. Nos regards se sont croisés. Tout de suite, ça a été l'épreuve de charme. Elles sont venues me contempler sous le nez avec une insistance qui frisait l'indécence.

– Regarde, dit l'une, il a remué le petit doigt !

Ce n'était pas le petit doigt ! Aussitôt, j'ai remué tous les autres doigts... pour brouiller les cartes... noyer le poisson ! Mais elles n'étaient pas dupes, les petites chattes ! Elles se sont jetées sur moi comme des furies... J'avais beau crier :

– On ne touche pas ! On ne touche pas !

Elles ont payé le supplément ! Elles m'ont renversé, déboulonné ; devrais-je dire... jeté à bas...

Ah, les vandales... dales... dales...

Là, j'ai dû perdre conscience parce que lorsque j'ai recouvré mes esprits...

Que faisais-je là dans ce parc, allongé sur ce banc de pierre, dans la position d'un gisant ? Tout nu... et les mains jointes ?

D'un seul coup, tout m'est revenu en mémoire... Aussitôt, j'ai compté mes doigts...

Onze ! Ils étaient tous là, Dieu merci ! Je lève la tête. Qui je vois sur son piédestal ?

Le penseur qui avait repris sa pose initiale... comme s'il ne s'était rien passé !

Mais s'était-il réellement passé quelque chose ? Il fallait le croire puisque mon costume était là, soigneusement plié au pied du penseur.

– On ferme !

C'était la voix du gardien. Je me suis habillé rapidement et, avant de quitter les lieux, je n'ai pas pu m'empêcher de poser la question au penseur :

– Finalement, est-ce que vous pensez ou est-ce que vous ne pensez pas ?

Il m'a répondu :

– Je ne pense pas. Je boude !

Je lui dis :

– Un dernier mot. Avez-vous au moins obtenu quelque chose auprès du musée de l'Homme ?

Et la réponse est tombée comme une pierre :

– Que dalle !

Un petit coin de paradis

Je connais quelqu'un qui cherchait un petit coin au paradis...

Au paradis, il n'y a pas de petit coin.

Avant de mourir... il sentait qu'il allait mourir... il avait envie...

Qu'est-ce que vous voulez ? Ça peut arriver !

Il voulait quitter ce bas monde proprement, aussi propre qu'il l'avait trouvé en arrivant.

– Il faut que j'y aille, murmura-t-il. Il faut absolument que j'y aille.

Et il se mit en devoir d'y aller. Était-il en mesure ?

Il s'extirpa de son lit tant bien que mal ; la tête lui tournait.

Il sortit de sa chambre en titubant...

– Voyons, où est le petit coin ?

Il vit dans un couloir, dessiné sur le mur, une main dont l'index tendu indiquait une direction à suivre.

– Il faut que j'y aille, dit-il en suivant cette main secourable !

Soudain, la main changea brusquement de direction... passant de l'horizontale à la verticale !

Il comprit alors que ce doigt, cet index pointé vers le ciel était celui de la main de Dieu.

– Il faut que j'y aille... Puisque je n'ai plus le temps d'y aller ici-bas, j'irai là-haut !

– Où faut-il que tu ailles ? lui dit une voix caverneuse qui semblait venir d'outre-tombe.

– Au petit coin ! dit-il.

– Tu as dû te tromper de lieu, lui répondit la voix... Ici, c'est le paradis... Il n'y a pas de petit coin. Il n'y a que des anges !

– C'est bien ce que je craignais, dit l'homme !

Le malheureux était là...

– Il faut que j'y aille !

Soudain, il vit un petit nuage qui ressemblait à s'y méprendre par sa forme à un chalet de nécessité. L'illusion était complète d'autant qu'il y avait en son milieu une trouée en forme de cœur...

– Il faut que j'y aille, cria-t-il en se précipitant, la tête la première, dans le nuage...

Il passa au travers...

La chute fut vertigineuse, terrifiante, cauchemardesque, interminable.

Il lui sembla soudain avoir touché le fond.
Quand il reprit ses esprits, il vit le bleu du ciel de son lit… Il était dans son lit.
Alors là, il a dit :
– Il faut que j'y aille !
Et là, il y est allé !
Quand il eut regagné son lit, il se dit que sur terre, ce n'était peut-être pas le paradis, mais que l'on pouvait encore y trouver un petit endroit écarté où…
Ouf !
Comme plus rien ne le retenait, l'âme légère, il rendit volontiers son dernier soupir !

Cauchemar

Cette nuit, j'ai fait un affreux cauchemar. J'ai rêvé que mon nom était écrit en grosses lettres sur le fronton d'un théâtre.
Et tout à coup, sans raison apparente, une des lettres est tombée… puis une deuxième, puis une troisième… comme des feuilles mortes…
Aussitôt, je suis allé chercher une échelle, j'ai remonté les lettres et je les ai remises à leur place.
Mais, au fur et à mesure que je les remontais, d'autres lettres tombaient !

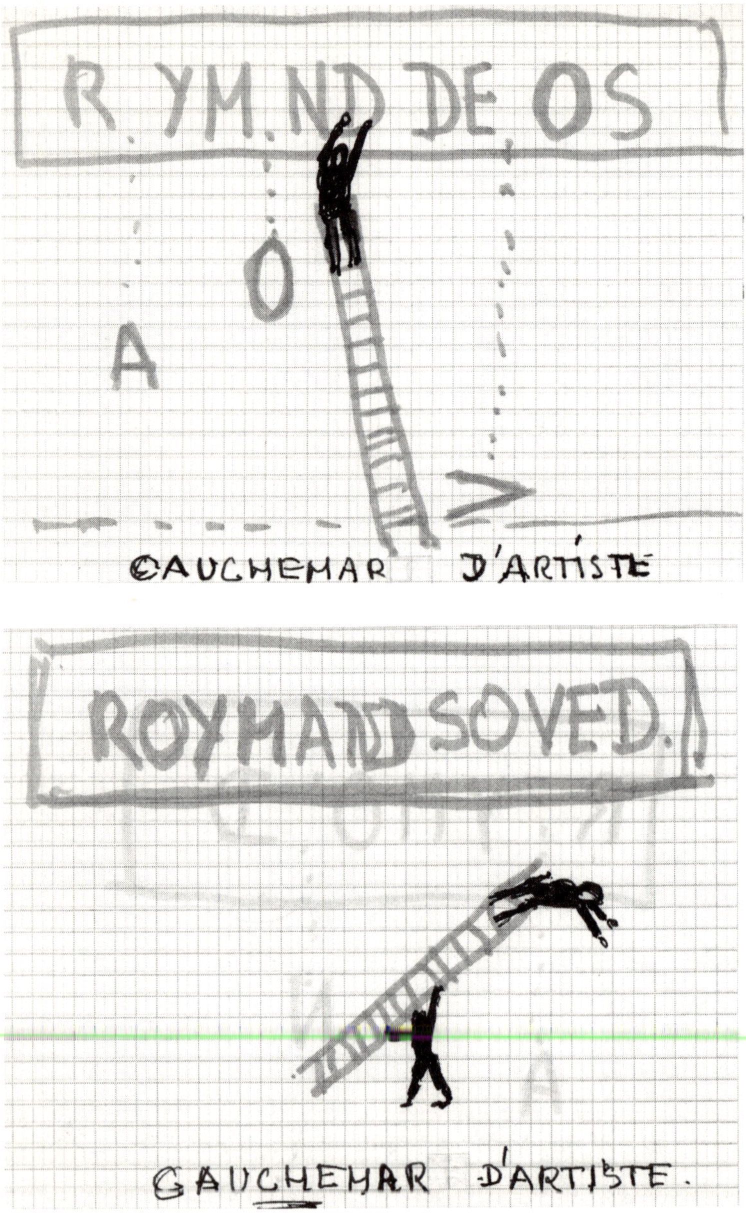

Cauchemar d'artiste (dessin de Raymond Devos).

Je ramassais les lettres tombées et retombées, remontais rapidement en haut de l'échelle, les raccrochais tandis que d'autres lettres retombaient.

Un peu comme les artistes qui font tourner des assiettes au bout de tiges et qui sont obligés de courir d'une assiette à l'autre quand celles-ci menacent de tomber, afin de relancer leur mouvement giratoire.

De plus, dans ma hâte, je ne me suis pas aperçu que je remettais les lettres dans le désordre. Si bien qu'après avoir replacé toutes les lettres, je ne m'appelais plus Raymond Devos !

Je regrimpai rapidement en haut de l'échelle lorsque quelqu'un qui se tenait au pied se mit à la secouer en criant :

– Qu'est-ce que vous faites ?

– Je remets les lettres de mon nom dans l'ordre !

Et tout à coup, est-ce le hasard ? Est-ce un coup du sort ? Est-ce un coup de vent ?

L'*S* de mon nom s'est détaché du fronton et a chuté sur mon front.

Cela aurait pu m'endormir pour le compte.

Mais comme je dormais, cela m'a réveillé...

La cuisse de Jupiter

Récemment, je traversais une crise d'identité... Je ne savais plus trop qui j'étais.

J'avais besoin d'une confirmation par écrit.

Je me rends à la mairie de ma ville natale et là, je sollicite un extrait de naissance.

On me fait entrer dans une salle où l'on me dit d'attendre.

Il y avait là deux individus, deux hommes qui tenaient des propos étranges :

– Savez-vous, monsieur, d'où je sors ? dit l'un.

– Non ! dit l'autre.

– De la cuisse de Jupiter !

– Pardon ?

– De la cuisse de Jupiter !

– Qui vous a mis cette idée dans la tête ?

– Mes sœurs !

– Vous avez des sœurs ?

– Oui !

– Sont-elles aussi sorties de la cuisse de Jupiter ?

– Non ! Elles... c'est de son bras, du bras de Jupiter qu'elles sont sorties. Il faut dire qu'il avait le bras long.

– Alors, de la cuisse, il n'y a que vous ?

– Oui ! Me l'ont-elles assez reproché, mes sœurs, d'être né sous la ceinture !

Là, j'ai cru bon d'intervenir :

– Excusez-moi si je m'immisce dans la conversation mais savez-vous seulement, monsieur qui avez l'outrecuidance de prétendre être sorti de la cuisse de Jupiter, savez-vous qui était Jupiter ? Un dieu, monsieur ! Le dieu du Ciel et de la Lumière ! De la Foudre et du Tonnerre !

– Je n'en ai pas honte, monsieur !

– De plus, il était le protecteur de la cité et de l'État romain...

– Et dire qu'il ne m'a rien laissé à part une boutique d'antiquités !

À ce moment-là, la porte s'ouvre. Un huissier entre :

– Monsieur Lacuisse ?

Lacuisse (précisant) :

– De Jupiter, monsieur ! Lacuisse de Jupiter... Je tiens à la particule... (En sortant.) Quand ils vont voir que c'est encore moi, ils vont se taper sur les cuisses, comme d'habitude !

Lacuisse étant sorti, je dis à celui qui restait :

– Se croire sorti de la cuisse de Jupiter, il ne se mouche pas du coude ! Quelle prétention !

– Je dois dire, me dit l'autre, que lorsque j'entends cela, je me félicite d'être né modestement... dans une étable... sur la paille... de parents normaux, de gens simples et croyants...

J'ai tout de suite compris que, comme moi, il traversait une crise d'identité.

– Tout de même, dis-je en entrant dans son jeu, entre un âne et un bœuf !

– C'était notre seul luxe, monsieur !

La porte s'ouvre. L'huissier entre :
– On demande Jésus aux extraits de naissance.
– Jésus... (précisant) de Nazareth, monsieur ! Jésus de Nazareth ! Je tiens à la particule !
En sortant, il me dit :
– Quand ils vont apprendre que c'est encore moi, ils vont me faire signer d'une croix, comme d'habitude !
Resté seul, je me suis surpris à penser...
Heureusement qu'ils ne savaient pas qui j'étais !
Ils n'auraient même pas osé m'adresser la parole !
La porte s'ouvre. L'huissier entre :
– On demande monsieur Charles aux extraits de naissance !
Je me levai :
– De Gaulle, monsieur ! Charles de Gaulle ! Je tiens à la particule !
Quand ils m'ont revu, ils se sont tous mis au garde-à-vous, comme d'habitude !
– Repos ! dis-je.
Il était temps. Nous en avions tous besoin !

Les deux côtes fêlées

Mesdames et messieurs, voici un exploit unique au monde : je vais sauter à pieds joints sur le piano et redescendre en saut périlleux arrière ! *(Le pianiste fait signe à l'artiste que ce numéro a été coupé.)*

Ah oui ! Ce numéro-là, je ne le fais plus ! Il a été supprimé ! Parce que je suis tombé ! Je me suis fêlé deux côtes.

Le lendemain, une dame se précipite dans ma loge :

– Rien de cassé ?

– Non, madame... simplement deux côtes de fêlées !

– Ah, tant mieux ! J'étais au premier rang, je vous ai vu tomber... Autour de moi, tout le monde riait en se tenant les côtes de rire... sauf moi !

– Pourquoi ne vous teniez-vous pas les côtes comme tout le monde ?

Elle me dit :

– Parce que je n'ai pas de côtes... je n'ai pas de côtes !

– Comment ça, pas de côtes ?

– Je suis née sans côtes !

– Ce n'est pas possible... ?

– Si ! Tenez, regardez !

Elle ouvre son trench-coat. Effectivement, elle ne portait pas de soutien-côtes. Je lui dis :

– Écoutez, madame ! Bien que je ne vous connaisse ni d'Ève ni d'Adam... si je peux faire quelque chose pour vous ?

– Oui ! Si vous pouviez me céder quelqu'une de vos côtes ?

– Madame ! Vous ne pouviez pas mieux tomber… ni moi non plus ! J'ai un excédent de côtes !

– Comment ça un excédent ?

– Oui ! Je suis né avec trente-six côtes au lieu de vingt-quatre.

– Ce n'est pas possible ?

– Si ! Tenez, regardez !

J'ouvre mon duffle-coat. Elle me dit :

– Mais vous êtes bourré de côtes ?!

– Oui, madame ! On m'appelle le trop-plein de côtes. Des côtes, j'en ai à revendre. Alors, combien ?

– Je ne sais ! Vous vous méprenez…

– Je veux dire : combien de côtes voulez-vous ?

Elle me dit :

– Deux… deux côtes…

– Alors, deux côtes… heu… deux côtes… du même côté ?

– Non ! Une côte de chaque côté !

Et elle m'explique pourquoi une côte de chaque côté c'était mieux que deux côtes du même côté.

– Parce que, me dit-elle, avec une côte de chaque côté, si je ris… je peux me tenir les deux côtes !

– Madame, vous prenez la chose du bon côté.

Elle s'est mise à plaisanter…

– Et puis, avec une côte de chaque côté, je pourrais tricoter…

– Ha ! Ha !

– À condition que les côtes m'aillent !

– Ha ! Ha !

Et j'ai ajouté :

– Et qu'il y en ait une à l'endroit et l'autre à l'envers... Ha ! Ha !

Elle me dit :

– Dites-moi, lorsque vous riez là, est-ce que vous vous tenez toutes les côtes ? Ou bien en laissez-vous de côté ?

– Je me tiens seulement les côtes d'un même côté.

– Et les côtes de l'autre ?

– Elles se tiennent toutes seules ! Voyez... *(Il rit.)* Ha ! Ha !... Elles n'ont pas bronché. Alors, je vous mets deux côtes de côté ?

Elle me dit :

– Cela me gêne de vous les ôter. Monsieur, il faut penser au mauvais côté.

– Quel mauvais côté ?

– Cela vous fait tout de même deux côtes d'ôtées !

– Madame, une côte de plus, une côte de moins... de toute façon, personne ne viendra les compter ou alors un toqué ! Et puis, madame, je n'ai de côtes à rendre à personne. Alors, je vous mets deux côtes... de côté... deux belles côtes taillées... dans l'échine ?

Elle me dit :

– Non ! Je préfère les deux côtes fêlées.

– Ah ? Pourquoi voulez-vous les fêlées ?

– Parce qu'étant fêlée moi-même… La question du rejet ne se posera pas !

Le fantôme

Depuis quelque temps, tous les soirs, alors que, après une journée bien remplie, je gagnais ma chambre afin d'y prendre un repos bien mérité, je trouvais, couché dans mon lit, un fantôme !

Au début, je croyais que c'était le fantôme d'un gisant, tant il semblait immobile et tant son profil était noble, bien qu'il fût recouvert d'un drap !

Mais quand j'ai vu son sceptre se dresser sous le drap, j'ai compris que ce fantôme était bien vivant. Je lui ai dit :

– Je vous demanderai d'aller dormir ailleurs, parce que moi, j'ai sommeil…

Il ne se fit pas prier. Il se leva… et lentement, mollement, se dirigea vers la porte…

– Hé, lui dis-je, alors qu'il était sur le point de s'estomper, puis-je savoir de qui vous êtes le fantôme ?

– D'un roi !

Et, en prêtant l'oreille, soudain j'entendis un bruit de grelots…

Aussitôt, je flairai la supercherie… Prenant mon courage à deux mains, je retirai d'un geste rapide le drap… Stupeur !

Savez-vous ce qu'il y avait sous ce drap royal ?

Un gros édredon !

Un gros édredon plein de plumes qui portait sur ses épaules, en guise de tête, un oreiller et à la place du sceptre, une marotte qui s'agitait…

J'ai tout de suite compris qu'il y avait usurpation d'identité…

La maison natale

Je me nomme Max, Max Ortosa.

Je suis né en France de père grec et de mère italienne. Si bien que j'ai parlé le grec avant le latin et le latin avant le français, mes parents ayant émigré dans ce beau pays qui est devenu le mien, la France !

Étant attiré tout jeune par les choses du spectacle et plus spécialement celui des rues, j'appris très vite à mimer les choses avant de les nommer.

C'est ainsi que je devins le créateur du mime parlant.

Il y a un autre événement qui a joué un rôle important dans mon existence, mes premiers engagements sous le chapiteau des Gruss.

Je voulus m'implanter beaucoup plus profondément dans cette terre d'accueil qu'était encore la France à cette époque.

Et un jour que je passais devant une agence immobilière, moi qui n'avais connu que les chambres d'hôtel, je m'attardai devant la vitrine pleine de petites photos représentant des maisons à louer.
Je pénétrai à l'intérieur :
– Que cherchez-vous ? me dit l'employé.
– Je cherche une maison.
– Quel genre de maison ?
– Une maison natale.
– Comment, vous n'avez pas de maison natale ?
– J'en ai eu une comme tout le monde, mais comme ma maison natale ne plaisait pas à mes parents, ils l'ont revendue à des jeunes mariés qui attendaient un heureux événement. Et nous sommes allés vivre en Grèce où se trouvait la maison natale de mon père.
– Ah, s'écria le vendeur, naître en Grèce, un de mes rêves prénatals !
– Oh, vous auriez vite déchanté... En Grèce, il n'y a que des ruines... superbes mais des ruines... mais quelles ruines ! À part la salle de séjour qui tenait debout... parce que classée Monument historique... le reste, monsieur, n'était que ruines et éboulis ! « Voilà, me dit mon père, l'endroit précis où j'ai vu le jour ! » Il me désigna un petit tas de pierres. « Là-dessous ! » J'ai balbutié : « Tu ne t'en es pas mal sorti... » Et puis, comme la maison natale de mon père ne convenait pas à ma mère, nous sommes allés vivre en Italie !

– Ah, s'écria le vendeur, naître en Italie ou en Grèce... les deux berceaux de l'humanité ! Mais, monsieur, me permettez-vous une observation ?

– Je vous en prie.

– Pourquoi diable voulez-vous, à votre âge, acheter une maison natale ? Comptez-vous y refaire votre vie ? Repartir de zéro ?

– Non ! Je voudrais simplement y apposer au-dessus de la porte une plaque commémorative indiquant que c'est dans cette maison que je suis né.

– Si c'est pour y apposer une plaque... pardonnez-moi, monsieur, mais il serait plus simple d'apposer cette plaque sur le mur de votre authentique maison natale ! L'actuel propriétaire ne peut pas vous le refuser...

– C'est ce que j'avais pensé faire ! Je me suis rendu dans ma maison natale. Savez-vous ce qu'elle est devenue, depuis que nous en sommes partis ? Une maternité !

– Je ne vois pas ce qui empêcherait...

– Il y a tellement de personnalités connues qui sont nées dans cette maison natale depuis que je l'ai quittée que les murs sont tapissés de plaques commémoratives, serrées les unes contre les autres, comme les photos de vos pavillons dans la vitrine, à tel point qu'il n'y a plus de place pour la mienne ! Mais j'y pense... êtes-vous né dans cette maison ? Est-ce votre maison natale ?

– Hélas, non, monsieur, dit le vendeur ! Je suis né dans le quartier. Comme il n'y avait plus de place pour y enterrer les décédés, on a décidé de raser tout un pâté de maisons (dont la mienne) et on en a fait un cimetière. À la place où était ma maison natale, on a mis une croix dessus…

– On n'a pas pu, Dieu merci, y mettre la date de votre mort… ?

– Non ! On y a inscrit celle de ma naissance… Ici, est né, à telle date, monsieur Baudin qui tient l'agence immobilière !

– Et vous avez accepté cela ?

– Cela me fait de la pub ! D'ailleurs, pourquoi ne mettriez-vous pas votre plaque sur la porte de l'agence ? Ici, chez monsieur Baudin, est né Max, le mime parleur !

– Pourquoi pas ? Cela vous ferait de la pub complémentaire !

LA FOLIE

Les fous ne sont plus ce qu'ils étaient

Les fous ne sont plus ce qu'ils étaient ! Quand on a connu comme moi les grands fous, les fous d'envergure et qu'on voit les petits fous d'aujourd'hui, on devient dingue !

Nous, nous étions d'authentiques fous, naturellement fous, notablement fous.

Dès l'âge de raison, on commençait à délirer en connaissance de cause et l'on mourait fou en pleine possession de nos moyens – j'allais dire : en toute lucidité !

Des fous à part entière, des fous disponibles...

On ne regardait pas la pendule. On était des fous à plein temps.

On ne réclamait pas les trente-cinq heures !

Jadis, les fous se transmettaient le flambeau, la marotte...

– Que fera plus tard votre fils ?

– Il sera fou, comme moi !

– Mes compliments !

On était fous de père en fils !

On faisait une carrière comme fou. On était le fou du roi.

Encore que, souvent, le fou du roi ne l'était pas !
C'était le roi qui était fou !
Être le fou d'un roi, c'était le couronnement d'une carrière !
Ce n'est pas qu'il n'y ait plus de fous, mais les fous d'aujourd'hui, ils font les fous ; ils ne le sont pas sérieusement ! Ils font les fous devant vous, pour donner le change mais dès que vous avez le dos tourné, ils redeviennent sages comme des images, sérieux comme des papes !
La folie, ils ne l'ont pas dans le sang !
Le sang fou ! Un pur-sang fou !

Le fou de jadis, c'était un monsieur ! C'était quelqu'un !
Il poussait même l'élégance jusqu'à être quelqu'un d'autre ! Il s'oubliait.
Il n'était vraiment lui-même que lorsqu'il était quelqu'un d'autre.
Lorsqu'un fou d'aujourd'hui nous dit :
– Je suis César !
Et que vous lui dites :
– Vous êtes fou !
Il vous répond :
– Ce n'est pas lui... c'est moi !
Il prend à son compte.
Dites à un Premier ministre :
– Vous êtes le fou du président !

Il vous répond en bon français :
– Lui, c'est lui ! Moi, c'est moi !
Il n'est pas fou, lui ! Il se dissocie.
Moi, je connaissais un fou qui avait perdu l'esprit. Il se prenait pour Dieu. On avait beau lui faire observer qu'il n'avait pas de fils ni de Saint-Esprit, il s'entêtait ! Heureusement, il jouait le jeu. On ne le voyait jamais. Il restait invisible. Il passait son temps à se faire prier.
À l'inverse, le fou d'aujourd'hui qui se prend pour Dieu, il fait de fréquentes apparitions à la télé.
Un fou qui ne l'est pas, cela se voit tout de suite ! Cela se décèle dans ses propos.
Il déconne... Il dit ce que tout le monde sait déjà. Il ne vous apprend rien !
Exemple : il dit que le monde est fou et qu'il faudrait le refaire !
Un vrai fou ne dira jamais cela. Il sait que le monde est fou et cela lui convient très bien ! Il s'y sent chez lui, il n'a pas intérêt à le refaire !
Jadis, un fou, on l'encourageait. Aujourd'hui, on le soigne !
Les fous ne sont plus ce qu'ils étaient !

La part du fou

(L'artiste entre en scène portant des grelots autour des chevilles ainsi que des poignets. Il porte un chapeau ceint également de grelots.)

C'est la danse du fou ! Vous l'aviez reconnue ? Il m'arrive parfois de la danser dans la rue et personne ne fait attention ! Ah, l'indifférence des gens ! Récemment, je dansais la danse du fou dans la rue... Tout à coup, j'entends crier : « Au feu ! »

Je me précipite et je vois qu'il n'y avait pas le feu. Comme celui qui avait crié : « Au feu » continuait de crier : « Au feu ! », moi, j'ai crié : « Au fou ! »

Hein ?

Alors, le fou qui avait crié : « Au feu ! », quand il a entendu que je criais : « Au fou ! », il a mis le feu... pour ne pas passer pour un fou !

Hein ?

Quand j'ai vu que le fou avait mis le feu, j'ai crié : « Au feu ! »

Hein ?

Alors, le fou a éteint le feu. Comme il n'y avait plus le feu et que je continuais de crier : « Au feu ! » comme un fou, c'est moi que l'on a enfermé !

Alors, maintenant, on peut bien crier : « Au feu ! », je m'en fous !

Il faut faire la part du fou !

Il faut faire la part du fou qui est en soi, comme on fait la part du feu ! Alors, moi, de temps en temps, je délire, je dis n'importe quoi ! Ça me repose de mes raisonnements.

Je lance des défis, des coups de pied à la lune ; je m'insurge, je m'oppose ! Je parle pour ne rien dire ; je fais de la politique, quoi !
Récemment, je suis allé dans une réunion politique pour y danser la danse du fou et puis, je me suis aperçu qu'ils la dansaient déjà !
Alors, par contradiction, j'ai chanté : « Parlez-moi d'amour... redites-moi des choses tendres... »
Alors, les gens : « Il est fou ! Sortez-le ! L'amour, parlons-en... »
Moi : « Parlez-moi d'amour... Redites-moi des choses tendres... »
Les gens : « Assez de paroles, des actes ! »
Il faut le faire ! Chiche ! Je lance des défis, je m'insurge contre tout ce qui m'oppresse... les lois... La loi de la pesanteur...
Ah, la pesanteur me tient ?
Tiens, la pesanteur ! *(Il effectue un saut de carpe.)* Je défie la pesanteur !
Mon directeur... oui, monsieur le directeur... quand vous voudrez, monsieur le directeur... Je suis votre humble et dévoué serviteur, monsieur le directeur...
Ah, le directeur me tient ? Tiens, le directeur ! *(Il fait un pied de nez direction jardin.)*
Ma femme ! Oui, ma chérie... Tu sais bien que je n'aime que toi... Je n'ai toujours aimé que toi... Ah, ma femme me tient ? Tiens... !

(Il suspend son geste comme s'il venait de découvrir sa femme en coulisse cour.)

Tiens ? Ma femme ?

(Lui adressant un petit salut amical.) Là, là... !

(L'air penaud, il reprend la danse du fou en jouant de ses grelots.)

Parlez-moi d'amour...

Raymond Devos joue avec les grelots (photo Claude Delorme).

MÉTEMPSYCOSE

Napoléon Ier

Vous savez que, récemment, je me suis pris pour Napoléon ?
Oui, moi, je me suis pris pour Napoléon !
J'étais devant la pyramide... la grande pyramide... celle du Louvre... et je dis à un monsieur qui était là :
– Du haut de cette pyramide, quarante siècles vous contemplent.
Il me dit :
– Vous devez vous tromper, parce qu'il y a peu de temps, elle n'était pas là !
– Vous m'inquiétez.
– Êtes-vous sûr de ne pas vous prendre pour quelqu'un d'autre ?
Aussitôt, je me suis fait faire un électroencéphalogramme.
On m'a dit :
– Monsieur, vous avez le cerveau de Napoléon Ier !
J'ai dit :
– Vous me rassurez. Combien vous dois-je ?
Je paye. Je remets mon portefeuille. Hop ! Impossible de retirer ma main !

En sortant, je hèle un taxi :
– Aux Invalides, s'il vous plaît !
À tombeau ouvert ! Arrivés aux Invalides, le chauffeur qui me regardait dans le rétroviseur me dit :
– Je vous connais, vous ! Ah si ! Je vous connais… Rappelez-moi votre nom !
Je lui dis :
– Je suis Napoléon.
– Ah, me dit-il, vous n'êtes pas le premier !
– Si ! Mon cerveau l'atteste !
Il me dit :
– Je devrais vous en vouloir…

– Pourquoi ça ?
– Parce que je suis égyptien et que votre expédition en Égypte n'a pas laissé un souvenir impérissable !
– C'est vrai ! Moi-même, je n'en ai gardé aucun souvenir !
– Alors, vous êtes Napoléon ?
– Certes !
– Eh bien, votre cheval est là !
– Mon cheval ?
– Vous voyez le monsieur qui caracole dans la cour et qui piaffe d'impatience ? Il prétend être le cheval de l'empereur Napoléon. Si c'est vous Napoléon, vous devriez pouvoir vous entendre.
– C'est mon cheval, ça ?
Je ne le reconnaissais pas. Le mien avait de beaux harnais…

– Vous êtes mon cheval ?

– Oui, mon empereur !

– Est-ce que vous pouvez me l'attester ?

– Oui ! Je me suis fait faire un électroencéphalogramme, on m'a dit : « Vous avez le cerveau du cheval de Napoléon. » J'ai dit : « Vous me rassurez. » Et je suis venu vous rejoindre aux Invalides à bride abattue.

– Comment saviez-vous que vous m'y trouveriez ?

– Hé ! Votre tombeau y est déjà ! J'ai pensé qu'un jour ou l'autre, vous viendriez le visiter... comme tout le monde ! J'ai pensé : il n'est pas aussi bête qu'il en a l'air, mon cheval !

Il me dit :

– Allez, montez !

– Où on va ?

– Avenue de la Grande-Armée !

On a refait le parcours du combattant, le tour de la place des Victoires... Wagram, Iéna, Eylau ! Je ne reconnaissais rien ! Ah si, à Austerlitz, j'ai reconnu la gare !

Il faut dire que le soleil d'Austerlitz tapait dur. On a voulu monter dans un wagon où il y avait marqué : « Hommes : 50, chevaux : 10 » ! Mais comme on n'était que deux, on a repris la route.

– Où on va là ?

Il me dit :

– En Russie !

– Ah non ! Pas la Russie ! Je n'ai pas encore touché la retraite !
– Alors, où se rend-on ?
– On va se rendre à Waterloo !
Il m'a faussé compagnie d'une façon assez cavalière, je dois dire, sous le fallacieux prétexte qu'il avait quelques courses à faire à Longchamp !
J'ai dit :
– Bon, je vais reprendre un taxi.
J'entends :
– Hep !
Qui je reconnais au volant de son taxi ? Le chauffeur égyptien qui m'avait conduit aux Invalides ! Il me dit :
– Salut, Napoléon ! Alors, ça va mieux ?
– Non, ça empire ! Et vous, l'Égyptien ?
– Ça se corse ! Figurez-vous qu'il m'arrive la même chose qu'à vous ! Récemment, je me suis pris pour un pharaon. Oui, moi, un pharaon ! J'étais au Palais-Royal… devant les colonnes de Buren, les colonnes tronquées et je dis à un monsieur qui était là : « Ces colonnes tronquées datent du XIIIe siècle avant Jésus-Christ ! » Il me dit : « Vous devez vous tromper, parce qu'il y a peu de temps, elles n'étaient pas là ! » « Vous m'inquiétez ! » « Êtes-vous sûr de ne pas vous prendre pour quelqu'un d'autre ? » Aussitôt, je me suis fait faire un électroencéphalogramme. Ils m'ont dit : « Monsieur, vous avez le cerveau de Ramsès II. » Je leur ai dit : « Ah ?

Parce que je ne serais pas le premier ? » « Non ! Il y a eu un Ramsès avant vous ! » J'ai voulu payer... Hop ! Impossible de retirer les bandelettes de mes mains ! Je suis sorti. J'ai hélé un taxi...

– Le vôtre, évidemment ?

– Le mien mais qui, depuis quelque temps, n'est plus le même ! Il se prend pour un taxi de la Marne. Chaque fois que je mets le compteur en route, il repart comme en 14 ! Alors, je me retrouve tantôt à Verdun, tantôt sur le chemin des Dames ! De plus, dès qu'il aperçoit un militaire qui fait du stop, il s'arrête et il le prend en charge... Décidément, les transports ne sont plus ce qu'ils étaient !

Il me dit :

– Où allez-vous ?

– Je rentre à la Malmaison.

– Moi, je vais à Rueil. Montez, je vous ramène !

Arrivés place de la Concorde, je ne sais pas ce qui lui a pris, il s'est arrêté net. Il m'a dit :

– Dites, Napoléon, l'obélisque de Louxor, là, il va falloir le remettre là où vous l'avez pris, en Égypte ! C'est Ramsès II qui vous le dit !

Je lui dis :

– Écoutez, Ramsès II, moi Napoléon Ier, je vous propose un troc. Je garde l'obélisque de Louxor et je vous donne en échange la pyramide du Louvre.

– Ah, dites donc !

Il a ouvert la porte de son taxi. Il m'a dit :

– Sortez ! Je savais bien que vous étiez un fantaisiste, Devos… On ne peut décidément pas discuter avec vous !

Le veau à deux têtes

Un jour, je déjeunais dans une auberge…

J'avais commandé une tête de veau ravigote…

Je vois arriver le chef cuisinier qui portait sur un plat une tête de veau.

Il pleurait comme une madeleine. Il me dit :

– C'est vous qui avez commandé une tête de veau ?

– Oui, chef !

– La voilà ! Regardez-la bien !

Et il se met à pleurer derechef.

– Que vous arrive-t-il ?

– Est-ce que vous croyez à la métempsycose, monsieur ?

– Oui, j'y crois.

– Eh bien, monsieur, avant d'être un chef, j'ai été veau ! J'ai fini comme celui-là, si bien que, chaque fois que je suis en tête à tête avec une tête de veau, cela m'émeut… meuh… meuh… !

Là, j'ai compris que le chef n'avait plus tout à fait sa tête à lui !

– Écoutez, si cela vous fait tant de peine, donnez-moi de la joue de bœuf !
– Vous voulez vous payer ma tête ou quoi ?
Et tout à coup, je regarde la tête de veau, la vraie. Elle avait des « ris » plein les yeux !
Je lui dis (au veau) :
– Pourquoi riez-vous ?
– Parce que, quand je vois la tête du chef, je crois me revoir dans une vie antérieure.
– Parce que vous avez été chef ?
– Oui, monsieur, chef cuisinier dans ce même restaurant ! Ah, j'en ai ravigoté des têtes de veau, dans cette vie-là, avant de passer moi-même à la casserole !
Si bien que, lorsque le chef, qui semblait avoir recouvré ses esprits, a repris sa tête de veau en main, j'ai cru voir s'éloigner vers les cuisines un veau à deux têtes !
On était en plein surréalisme.

L'ABSURDE

Faire-part à deux

Sur la scène, un cercueil, celui qui le fabrique et une pancarte sur laquelle on peut lire : « Ouvert pour cause de décès. »

X entrant :

– Bonjour !

Z :

– Bonjour, monsieur X.

– Alors ? Est-ce que ça avance ?

– Vous êtes pressé d'en prendre possession ?

– Pressé... eh... je suis toujours pressé. Un jour, on s'endort vivant et puis on se réveille mort. J'aime mieux prévoir ma mort.

– Moi, j'aime mieux prévoir celle des autres.

– Affaire de goût, hein ! Ça ne se discute pas. Alors, vous l'avez commencé ?

– Tenez, le voilà !

– C'est le mien ? Ah, il n'est pas mal.

– N'est-ce pas ?

– Oui... *(L'examinant.)* Oui... faudra me l'arranger... oui, faudra me raboter les petites pelures... hein ? Je ne veux pas de ça !

– Naturellement !

– Vous le laissez de cette teinte-là ?

– Oui… Pourquoi ? Vous auriez voulu…

– Je ne sais pas moi… un peu de rouge, peut-être ?

– Évidemment, c'est plus gai, mais enfin, pour la circonstance…

– Oui, en rouge !

– Avec des liserés noirs ?

– Oui ! C'est ça, noirs. Rouge et noir, ce sera stendhalien !

– Bon !

– Oui… j'aime bien la forme… !

– J'ai arrondi les angles exprès.

– Ah oui… ! Vous pourriez peut-être encore l'arrondir devant… ça lui donnerait plus de ligne. *(Geste.)* Voyez… plus aérodynamique… voyez, c'est ce que je n'aime pas dans certaines voitures… les brisures de ligne. J'ai une huit chevaux décapotable, je vais être obligé de la changer, à cause de la capote… elle prend d'ici *(Geste sur le cercueil.)* et fait ça… La masse d'air, qui vient buter contre cette partie, freine terriblement la vitesse… c'est mortel ! Et puis, avec ça, léger, beaucoup trop léger… *(Main sur le cercueil.)* Ça pèse combien ça ?

– Vide ? Cinquante kilos !

– Avec moi, ça fera cent vingt-cinq. C'est bien !

– Oui, ça va ! Il ne faut pas que ce soit trop lourd pour le corbillard.

- Combien de chevaux ?
- Deux, deux chevaux.
- Ah, ce n'est pas une mauvaise voiture, mais pour l'aérodynamisme, zéro !
- *(Riant.)* Ce n'est pas fait pour aller vite.
- C'est juste... mais rien ne vaut une bonne conduite intérieure... *(Regard à l'intérieur du cercueil.)*
- Vous voyez... il y a une couronne de secours !
- Si l'on crève, c'est pratique.
- Comment ?
- ... La suspension ?
- *(Interloqué.)* Bonne !
- Vous permettez ? *(Il monte dans le cercueil.)* Ah, c'est pas mal... *(Il éclate de rire.)* Quand je pense que c'est là-dedans que je vais finir mes jours, ça me fait rigoler. *(Il s'allonge, rit encore un peu, se calme... puis gravement.)* Ah, on est bien, tiens ! Ah... *(Soupir satisfait.)* Loin des tumultes... c'est propice au recueillement... Eh ? Dites ? C'est un peu court, je voudrais bien pouvoir allonger les pieds. Regardez...
- *(Se penchant.)* Allongez-les !
- Je ne peux pas... je touche !
- *(Regardant vers le haut.)* Mais votre tête n'est pas au bout ?
- Ah non !
- Remontez-vous !

– Ah non ! Et... le coussin ! Il faut compter avec le coussin !

– Il vous faut un coussin ?

– Ah oui, je ne peux pas dormir la tête basse... chez moi, j'ai deux oreillers... Non, c'est trop court !

– Vous pouvez tout de même gagner dix centimètres.

– Oh non, je veux être à l'aise.

– Oui, mais là, vous êtes crispé. Détendez-vous, faites le mort !

– C'est trop court.

– Mais non, ça ira. Et puis, vous avez vos chaussures.

– Et alors, je ne les aurais pas ?

– Non !

– Je serai nu-pieds ?

– Non, en chaussettes !

– Nom d'un chien, elles sont trouées.

– Bah ! Ça n'a pas grande importance.

– Oh si, on les verra.

– Mais non !

– Passez-moi le couvercle !

– Voilà !

– Eh ! Eh, ça joint mal ; on voit le jour à travers.

– ... Ce sera recouvert de terre.

– Justement, je ne tiens pas du tout à en prendre dans les yeux... Dites ? Hé... regardez par ce petit trou !

– Oui ?

– Qu'est-ce que c'est que ce rond de lumière que je vois sur les pieds ? Bouchez-moi ce trou tout de suite !
– Mais...
– Bouchez-moi ce trou tout de suite !
– Bon, bon !
– Je veux que ce soit hermétique.
– Bien, bien ! *(Il les bouche au mastic.)*
– Eh !... Vous m'entendez ?
– Oui ! Et vous ?
– Très bien, l'acoustique est bonne, mais je voudrais plus d'isolement...
– Je mettrai des étouffoirs à l'intérieur.
– *(Voix sourde.)* Oui, c'est ça ! *(Voix étouffée.)* Eh... ouvrez, mais ouvrez !
– Quoi ?
– Ouvrez, voulez-vous ouvrir ?
– Hein ?
– Ouvrez, mais ouvrez donc !
– Je ne comprends pas. *(Murmure de mots et coups frappés.)* Attendez ! *(Il va chercher une pince-monseigneur et ouvre.)*
X, complètement abruti :
– Ouvrez !... Où suis-je ?.... C'est irrespirable là-dedans... *(Il tient ses chaussures rouges à la main.)* Irrespirable ! *(Il sort.)*
– Tant que ça ?

– Respirez vous-même !

– Ça sent le sapin !

– *(Complètement ailleurs :)*... C'est Noël !

– Comment ?

– J'entends les cloches !

– *(Enjambant.)* Il y a peut-être des améliorations à faire.

– Oui, déchaussez-vous ! Vous n'allez pas monter dans ma voiture avec ces chaussures dégoûtantes !

– *(Inquiet.)* Votre voiture ?

– Déchaussez-vous !

– *(Se déchaussant.)* Pardon ! *(Il a des trous aux chaussettes.)*

– Tiens, vous aussi ?

– Oui ! *(Il donne ses chaussures à X et monte.)*

– Ne salissez pas !

– Non !... Voulez-vous rabattre ?

– Oui ! Je rabats... *(Il glisse ses chaussures rouges dans le cercueil.)*

– Vous m'entendez ?

– ... Les cloches, oui ! J'entends les cloches !... c'est Noël... Je vais mettre mes chaussures dans la cheminée... Ah ben ça... Mes chaussures sont dégoûtantes !

– Vous m'entendez ?

– Les cloches... oui... ce n'est pourtant pas mon habitude d'avoir des chaussures aussi sales... je ne les ai peut-être pas cirées ce matin...

– *(Faiblement.)* Mots inintelligibles…

– Hein ? *(Il regarde ses chaussures.)* Je n'ai jamais eu de chaussures noires… *(À Z.)* Hé ! Hé… j'avais des chaussures noires quand je suis entré ici ?

Pas de réponse !

– Hé ! *(Il frappe avec la chaussure sur le cercueil… Le côté s'ouvre et Z glisse devant, tenant les chaussures rouges à la main.)* Vous entendez ?

– Les cloches !

– Je ne vous ai pas sonné.

– *(S'approchant.)* Dites donc, qu'est-ce que vous foutiez dans cette cheminée ?

– C'est Noël !

– De quelle couleur sont vos chaussures ?

– Rouges !

– Et les miennes ?

– Noires !

– C'est stendhalien… et ça… *(Montrant le cercueil.)* qu'est-ce que c'est ?

– C'est votre cercueil !

– Qu'est-ce que vous foutiez dedans alors ?

– Je ne sais pas.

– Vous n'êtes pas mort ?

– Je crois que si.

– C'est votre cercueil ou c'est le mien ?

– C'est peut-être le nôtre !

– On est peut-être mort tous les deux !
– C'est possible, puisqu'on est déchaussé ?
– Et puisqu'on a des trous... Alors, il faut être raisonnable...
– Oui ! Il faut regagner son cercueil.
– Allez !
(Ils se lèvent, passent de chaque côté du cercueil, vont pour l'enjamber, se ravisent, reviennent devant déposer leurs chaussures.)
– C'est Noël !
– ... Les cloches ! *(Ils reviennent de chaque côté.)* Dites donc ! Vous n'allez tout de même pas coucher dans mon lit ?
– Pour mon dernier sommeil, je ne voudrais pas coucher dehors.
– Bon, j'ai pitié !... Mais vous vous tournerez par là et moi... par ici... hein ? Attention !
– D'accord ! *(Ils s'allongent dans le cercueil.)* J'éteins ?
– Oui ! (Il passe le bras, appuie sur la poire.)
Musique. (Chœurs.)

L'ingratitude des gens

Mon pianiste est d'une ingratitude !
Un jour qu'il faisait très froid, j'étais sur la route, je roulais très vite, j'étais pressé...

Devant moi, il y avait une voiture qui roulait à dix à l'heure...
C'était la sienne !... À dix à l'heure !
Je me dis : « Bon ! Il doit croire qu'il y a du verglas ! »
Et je lui fais signe qu'il pouvait y aller... avancer...
Il ne comprenait pas. Dix à l'heure !
Dès que j'ai pu, je te l'ai doublé en quatrième vitesse, en faisant quelques zigzags pour lui montrer que ça ne glissait pas et uitte...
J'ai dérapé et je me suis retrouvé dans le fossé !
Eh bien, lui, au lieu de me remercier de lui avoir signalé que la route était glissante, savez-vous ce qu'il a fait ?
Il a ricané, l'ingrat !
L'ingratitude des gens !

La logique de l'absurde

J'avais fait poser sur l'un des murs de l'entrée de ma maison une grande glace que le miroitier du coin avait taillée sur mesure... Elle occupait toute la largeur d'un pan de mur... depuis la hauteur de la ceinture.
Chaque fois que je passais devant... je m'y arrêtais, m'y contemplais, m'y attardais...
Il faut dire que je suis un peu narcissique sur les bords.
Et un jour que je m'apprêtais à sortir, je mis mon chapeau, vérifiai dans la glace s'il était bien en place, pris ma

canne, la fis tournoyer et, comme j'avais l'habitude de le faire, esquissai quelques pas de claquettes… Tip ! Tap !

Sont-ce les trépidations du plancher ? Soudain, le miroir mal scellé sans doute se détacha du mur, tomba à la verticale et se brisa en mille morceaux sur le parquet.

Tout à la contemplation de ma personne, je ne m'aperçus de rien !

Je continuai de voir mon reflet sur le mur comme si le miroir y était toujours. Je resserrai mon nœud papillon, dégageai ma pochette et, satisfait de mon image, sortis en chantant : « Vous qui passez sans me voir… Sans même me dire bonsoir… »

Comme les femmes que je rencontrais passaient sans me voir, sans même me dire bonsoir, je me dis : « Ce n'est pas mon jour. Rentrons ! »

De retour chez moi, je déposai ma canne et mon chapeau dans l'entrée et, en passant devant mon miroir, je voulus mettre un peu d'ordre dans ma chevelure…

Je vis mon reflet sur le mur… intact ! Tel que je l'avais laissé en partant ! Sauf que mon reflet avait toujours son chapeau sur la tête et la canne à la main ! Alors que je venais de les déposer dans l'entrée !

Absurde, non ?….

Il y avait là un problème. Je mis cela sur le compte d'un décalage horaire.

Je suis rentré trop tôt, pensai-je !

Je repris mon chapeau et ma canne et ressortis faire un tour en ville... Je fus retardé par de nombreuses jolies femmes qui me reprochaient de passer sans les voir !

« Bonsoir, leur disais-je ! Il faut que je rentre ! »

De retour chez moi, je ne pris même pas le temps de retirer mon chapeau ni de reposer ma canne et me précipitai sur ce que je croyais toujours être mon miroir. J'y vis le reflet de mon chapeau sur ma tête et celui de ma canne dans celui de ma main. Il était enfin d'accord avec lui-même ! Sauf que, dès que je penchais un tant soit peu la tête à droite... le chapeau tardait à suivre...

Encore ce fameux décalage horaire, pensai-je ! Cette fois-ci, j'ai dû revenir trop tard ! Tant pis, je ne ressors plus ! Je ramenai doucement, par à-coups, ma tête sous le reflet de mon chapeau. J'avais remis les chapeaux à l'heure.

« Eh bien, voilà, m'exclamai-je ! Tout est rentré dans l'ordre ! »

Sauf que, chaque fois que je bougeai la tête à gauche, mon chapeau se faisait à nouveau tirer l'oreille ! Je me demandai si mon miroir ne prenait pas le temps de la réflexion avant de réfléchir ! Je ne me posai plus de questions auxquelles je ne pouvais pas répondre, ne sachant pas ce qui pouvait se passer de l'autre côté du miroir, puisque je me croyais toujours devant ! Je mis tout cela sur le compte d'une persistance rétinienne. Je n'avais qu'à attendre qu'elle se dissipe, voilà tout !

Absurde, non ?...

Et puis, l'absurde finit par se fatiguer, se lasser jusqu'à devenir raisonnable, à mon grand étonnement, moi qui voyais mon reflet faiblir, devenir imprécis, flou... ! Je pensai que c'était la buée qui s'était déposée sur le miroir qui le rendait opaque... Du revers de la main, je cherchai à dissiper la buée... Très vite, le reflet du chapeau s'effaça... Seulement, le reste aussi ! Mes traits fondirent... mon petit nœud disparut... jusqu'à mon buste qui perdit ses contours...

J'avais beau bomber le torse... il s'estompait... Dans mon désarroi, je me dis que, heureusement, mon miroir s'arrêtait au-dessus de la ceinture !

De quoi devenir fou, se taper la tête contre le mur ! Ce que je fis. Le choc fut rude !

Je me détachai du mur, tombai à la verticale et me brisai sur le parquet en mille morceaux. Enfin, je le crus !

Ces morceaux n'étaient pas les miens, mais ceux du miroir tombé auparavant qui jonchaient toujours le sol. Reprenant mes esprits, j'en conclus que j'avais brisé mon miroir sur un coup de tête.

Absurde, non ?...

Mais attendez ! Le plus absurde reste à venir. Je ramassai les bris de glace, les déposai dans mon chapeau, mis le chapeau sur ma tête et me rendis chez le miroitier, le priant de bien vouloir recoller les morceaux de mon miroir. Le miroitier, réalisant l'absurdité de la situation, fit quelques points de suture sur mon crâne ébréché et glissa un pain de glace dans mon chapeau pour me rafraîchir les méninges !

Logique, non !...

Les marches

Un soir, en rentrant chez moi, je dis à ma concierge :

– Avant, vous étiez toujours dans l'escalier... Depuis quelque temps, on ne vous y voit plus. Que vous arrive-t-il ?

– Ne m'en parlez pas ! Avant, quand je montais ou descendais les escaliers, je le faisais machinalement, sans y penser. Or, depuis peu, quand je descends l'escalier... je compte les marches...

– Tiens !... Pourquoi ?

– Pour voir si elles y sont toutes !

– Et elles y sont ?

– Pas forcément ! Souvent, en arrivant en bas... il en manque une.

– Une marche ?

– Oui !

– Dites-moi, lorsque vous montez les escaliers, comptez-vous aussi les marches ?

– Oui !

– Et il n'en manque pas ?

– Non ! Au contraire, souvent, il y en a une en trop !

– Cela vous fait donc une marche d'avance !

– Écoutez ! Ne m'interrompez pas parce que...

– Je ne vous interromps pas... Ce que je voudrais dire, c'est que moi aussi, je compte.

– Comment ça ? Vous comptez aussi vos marches ?

– Non, je compte mes pas... quand je marche... Exemple : quand je me rends à deux pas d'ici... il m'arrive d'en faire trois...

– Trois quoi ?

– Trois pas ! Alors que où je vais n'est qu'à deux pas !

– J'ai une sale manie. Je compte tout. Récemment, je sors mon chéquier et je me mets à compter les chèques. Pourquoi ? Pour voir si le compte y était.

– Forcément.

– Pas forcément ! Justement, il manquait un chèque, dites donc ! Heureusement qu'il y avait le talon... J'ai su où je l'avais laissé.

– Où ?

– Chez le marchand de chaussures !

– Vous avez acheté une paire de chaussures ?

– Pas pour moi, pour mon fils ! Là aussi, comme il a plusieurs paires, tous les soirs, je les compte.

– Il manquait une paire ?

– Non ! Il manquait une chaussure à une paire !

– Et alors ?

– Comme moi, j'avais trois chaussures de la même paire, je lui en ai refilé une, si bien que maintenant, il met une paire de chaussures dont l'une est à son père.

– Vous avez la même pointure ?

– Ah non ! Moi, j'ai un pied plus grand...

– Dites donc ?

– Oui ?

– Vous n'auriez pas une case en moins ?

– Je ne peux pas vous répondre. Je ne les ai jamais comptées !

L'oreille en moins

Un matin, je me regarde dans la glace. Stupeur !

J'avais perdu une oreille !

Je les recompte.

Pas de doute ! Il m'en manquait une.

J'avais une oreille en moins.

Pourtant, cette nuit-là, je croyais bien avoir dormi sur mes deux oreilles.

Je cherche sous les draps. Pas d'oreille !

Sous l'oreiller... Pas d'oreille !

Où avais-je bien pu la perdre ?

Je n'en avais aucune idée.

Et tout à coup, je me suis souvenu que j'avais prêté l'oreille à un ami et qu'il ne me l'avait pas rendue !
Le drame, c'est que je ne savais plus à qui !

Personne

Voyons, de quoi s'agit-il ?
D'un jeu ! Un jeu de mots.
Jouer avec l'un des dix mots choisis pour être les ambassadeurs du français comme on l'aime.
Par exemple... et pour l'exemple... le mot « personne ».
Est-ce que quelqu'un veut s'en charger ?

Personne ?
Si, moi !
Attention ! Si on joue avec « personne », on n'est pas sûr de gagner. Le mot est ambigu.
Personne, cela peut être la présence d'une personne ou l'absence de quelqu'un !
Exemple :
– Il y a quelqu'un ?
– Non, il n'y a personne !
Ou :
– Il n'y a personne ?
– Si, il y a quelqu'un !
On remarque d'entrée de jeu qu'il est presque impossible de séparer le mot « personne » du mot « quelqu'un ». Ce sont des mots partenaires qui se donnent la réplique.

Deux mots-clefs qui jouent dans la même serrure. Deux mots qui s'attirent ou se repoussent. Deux mots jumeaux en quelque sorte.

– Regardez ! Vous voyez cette personne ? Eh bien, c'est quelqu'un !

Combien de fois ai-je parlé de moi à la troisième personne… pour me persuader que j'étais quelqu'un !

Pour mieux vous montrer la collusion qui existe entre ces deux mots, voici une petite histoire absurde comme toutes celles que je raconte.

Récemment, je me rendais chez quelqu'un…

Je ne me souviens plus du nom de la personne.

Je voulais lui soumettre une définition savante et sophistiquée du mot « personne ».

Où l'avais-je lue ?

Je vous la livre : personne = substance animée de quantité nulle.

Je ne cite personne !

Substance animée de quantité nulle !

Il y a là, me semble-t-il, matière à réflexion.

Remarquez… je ne vous conseille pas de dire à quelqu'un : « Vous êtes une substance animée de quantité nulle. »

Il vous répondra : « Quantité nulle vous-même ! »

Et il aura raison… En substance !

Bref !

J'arrive devant la porte de cette personne. Je frappe… pas de réponse.

La porte n'était pas fermée. Je la pousse.

Personne ne me dit d'entrer. Je crie :

– Il y a quelqu'un ?

Quelqu'un me répond :

– Non, il n'y a personne !

Je me dis : si quelqu'un répond qu'il n'y a personne, c'est qu'il y a quelqu'un !

Là-dessus, le téléphone sonne.

Je m'attendais à ce que quelqu'un réponde. Personne.

Je décroche :

– Allô !

Une voix :

– Il y a quelqu'un ?

Je réponds :

– À part moi, il n'y a personne !

La voix :

– Ça ne fait rien. Je rappellerai lorsqu'il y aura quelqu'un !

À peine avait-il raccroché que l'on frappe à la porte.

Je vais ouvrir… Personne !

J'ai tout de même dit :

– Entrez !

Il faut savoir de temps en temps laisser une chance à quelqu'un.

Voilà, c'est fini !
Il était temps. En me relisant, je m'aperçois que ce n'était plus moi qui jouais avec les mots, mais les mots qui se jouaient de moi !
À devenir fou !
Ah... Si quelqu'un me demande, je n'y suis pour personne !

Pressentiment

Ce matin, j'avais des inquiétudes sur ma santé... une espèce de pressentiment.
Pourtant, je m'étais levé du bon pied.
J'avais pris mon petit déjeuner, comme d'habitude.
Pris un bain, normalement.
Ensuite, j'avais ouvert mon journal et j'avais vu qu'un type était mort subitement !
Pourtant, le matin, ce type s'était levé du bon pied.
Il avait pris son petit déjeuner, comme d'habitude.
Pris un bain normalement.
Et c'est en ouvrant son journal...
Qu'après avoir poussé un dernier soupir...
Aussitôt, j'ai refermé le journal et j'ai fait : « Ouf ! »
Je l'avais échappé belle !

LES ADIEUX

Les adieux anticipés

Si vous le permettez, mesdames et messieurs, je voudrais vous faire mes adieux...
Ne vous réjouissez pas trop vite ! Ce sont des adieux anticipés... des adieux que je ferai dans dix ans !
Mais, comme dans dix ans, je ne pourrai pas revenir en arrière, si vous le permettez, mesdames et messieurs, je vais vous les faire ce soir. Ça me donne dix ans devant moi pour les peaufiner. Je vous demanderai un petit effort d'imagination. Nous sommes en l'an 2004. J'ai dix ans de plus... *(Il se tasse.)* Et ça se voit !
Vous aussi, vous avez dix ans de plus !
Il faudrait voir à jouer le jeu, mesdames et messieurs !
Je vous demanderai de vieillir avec moi...
Vieillir tout seul, c'est triste... mais ensemble... vous allez voir, c'est un plaisir !
Alors, enfonçons-nous bien ça dans la tête : nous avons dix ans de plus !
Enfonçons-nous bien ça dans la tête !
Messieurs, je vous demanderai de répéter avec moi, pas les dames, les hommes seulement : je me sens plus vieux que tout à l'heure !

(Avec les hommes.) Je me sens plus vieux que tout à l'heure ! *(Il se tasse sur lui-même.)* De plus en plus vieux !

(Avec les hommes.) De plus en plus vieux !

(S'adressant à un spectateur.) Monsieur, ce n'est pas la peine de faire ça... *(Geste de tourner les roues d'un fauteuil.)* Les fauteuils ne sont pas encore roulants ! Vous, vous en faites un peu trop... On vous donnerait 95 ans !... Comment ? Il les avait en entrant. Alors, on ne bouge plus ! On ne touche à rien... Faites le mort !

Bravo, messieurs ! À vous, mesdames : je me sens moins jeune que tout à l'heure !

(Avec les dames.) Je me sens moins jeune que tout à l'heure !

Madame, ce n'est pas la peine de regarder dans votre chaussure vernie, vous allez avoir de mauvaises surprises ! De moins en moins jeune !

(Avec les dames.) De moins en moins jeune !

Messieurs : mais non, mesdames !

(Avec les hommes.) Mais non, mesdames !

Mesdames : mais si, messieurs !

(Avec les dames.) Mais si, messieurs !

Messieurs : mais non, mesdames !

Mesdames : mais si, messieurs !

(Tour à tour, l'artiste lance d'un bras pour les hommes, de l'autre pour les dames, les invectives. Si bien qu'il continue

de faire parler alternativement hommes et dames d'un simple geste du bras.)

(Les hommes.)

Mais non, mesdames !

(Les dames.)

Mais si, messieurs !

Mais non, mesdames !

Mais si, messieurs !

(Au bout d'un certain temps, l'artiste :)

Bon ! Cessez de parler entre vous, mesdames et messieurs ! On ne s'entend plus vieillir ! Un dernier petit coup de vieux... et on ne bouge plus ! *(La voix cassée.)* Mesdames et messieurs... Tiens ? Un vieil ange qui passe... *(Il le suit du regard jusqu'à terre.)*

Il s'est crashé !

(Il poursuit son sketch.)

Je chantais une chanson de Charles Aznavour : « Je me voyais déjà en haut... *(Il regarde dans sa paupière [rappel de « Les poches sous les yeux »])* de l'affiche ! » *(Au pianiste.)* Chef ?

(Le pianiste attaque les premières mesures sur un temps très rapide.)

Oh ! Oh ! Vieux style... Allons-y !... Je vais monter sur mon piédestal... Je vais y arriver... Je vais y arriver...

(L'artiste grimpe « péniblement » sur le piédestal. À une spectatrice du premier rang.)

Rassurez-vous, madame, je ne tombe qu'une fois sur dix...
Ça fait neuf fois que je ne suis pas tombé !
(Puis l'artiste, alternativement, secoue ses fessiers et ses zygomatiques.)
Je ne sais plus par quel côté on rit !
(Il entame alors la chanson.)
Voici qu'avec le crépuscule
Mon ombre a bougrement grandi...
J'étais plus haut qu'elle à midi
Et me trouve un peu ridicule
D'être à présent le plus petit...
(Clamé :)
Salut l'artiste !

Gloire *post mortem*

Vous savez que ce matin, j'ai reçu un coup de téléphone d'un grand directeur de chaîne de télévision... Il me dit :
– Je veux faire une très grande émission de télévision sur vous, une émission posthume... *post mortem*...
Je lui dis :
– Je vous remercie de penser à mon avenir... Mais pourquoi ne la feriez-vous pas de mon vivant ?

– Parce que lorsque vous ne serez plus de ce monde, votre taux d'écoute sera beaucoup plus élevé... Il faut penser à l'après-vous.

Il m'a dit :

– L'après-vous, c'est pour quand, d'après vous ?

– D'après moi, c'est le plus tard possible !

Il m'a dit :

– C'est trop tard ! Il faut le faire avant... Dès que vous serez sur la liste de ces chers disparus, on lancera un formidable avis de recherche !

J'ai dit :

– Qui fera la présentation ?

– Ce cher Patrick !

J'ai dit :

– Moi, j'aurais préféré que ce soit ce cher Léon Zitrone...

Il a dit :

– Ah non ! Lui, on le garde pour le dixième anniversaire de votre mort !

Ils m'ont dit :

– On va déjà enregistrer votre dernier soupir. Ce sera toujours ça de mis en boîte !

Ils m'ont tendu un micro :

– Allez-y, Devos !

– Rhahh !

– Est-ce que vous pourriez le refaire ?

J'ai dit :

– Volontiers ! Rhaaa !

Ils m'ont dit :

– Plus gai !

– Rha ha ! Rha ha ! *(Au public.)* Voulez-vous pousser un dernier soupir avec moi, messieurs dames ? À trois, nous allons tous « dernier-soupirer » ensemble… Un ! Deux ! Trois !

(Tous :)

– Rhaa !

(L'artiste se recueillant comme sur une tombe, sur un ton d'éloge funèbre.)

C'était un brave public… ! *(Refoulant ses larmes.)* Sans lui, que la salle va sembler vide ! *(Reprenant son récit sur un ton normal.)* Aussi pourquoi me demander de faire une émission *post mortem* ? Au lieu de faire une émission prénatale ! Toute la vie devant moi pour la faire. Ils m'auraient dit :

– On va enregistrer ton premier cri, mon petit Raymond…

– Areu ! Areu !

Ils m'auraient tendu un micro :

– Vas-y, mon p'tit Raymond ! Pousse ton premier cri ! Tu sors et tu cries…

(L'artiste, comme écartant les battants d'une porte :)

– Rhaa !

Ils m'auraient dit :

– Est-ce que tu peux le refaire ?

Là, j'aurais dit :

– Non ! Maman ne veut pas !

C'est dur de pousser un premier cri… à chaud !

(Il se tourne vers le public et humblement, l'interroge du regard. Il semble déjà lui dire ce qui suit.)

Je n'ose pas vous le demander, mesdames et messieurs. Vous voulez bien pousser un premier cri avec moi ? À trois, nous allons tous « premier-crier » ensemble. Un ! Deux ! Trois !

(Tous :)

– Haa !

(L'artiste, béat :)

Oh, le beau petit public !… guili-guili… Il rit déjà… Il tape dans ses petites menottes…

(Le public applaudit. L'artiste, pour lui-même :)

Je n'ai rien demandé…

(Reprenant son émission post mortem *:)*

Dix fois de suite, j'ai poussé mon dernier soupir, dix fois de suite !

– Rhhaa !

– Encore !

– Rhaaa !

– Plus convaincant !

– Rhaaa

– Plus sensuel !

– Rhaahaa !

– Encore !

– Rha !

Au dernier, j'étais comme ça *(Effondré.)* alors qu'au premier, j'étais comme ça… *(Fringant.)* Finalement, ils ont pris le premier parce que c'était le plus vivant !

Et ce matin, je reçois un coup de téléphone du grand directeur de chaîne :

– Allô, Devos, comment ça va ?

– Très bien !

– Ça ne fait rien. On attendra !

Mourir dans un fauteuil

C'est le rêve de tous les comédiens, de mourir sur scène comme Molière !

En prévision de cette fin sublime, moi, non seulement je souhaite pousser mon dernier soupir sur scène, mais de plus, le pousser dans son fauteuil…

J'ai donc loué le fauteuil de Molière…

J'ai attendu quelque temps, parce qu'il n'était pas disponible…

Il faut dire qu'il est très convoité…

Il y a quelques comédiens qui l'avaient retenu avant moi. Mais comme ils ont tous poussé leur dernier soupir, j'en dispose depuis peu...

Il est là, en coulisse.

Je n'ai qu'à lancer à la cantonade la phrase des *Précieuses ridicules* :

– Holà ! Voiturez-nous ici les commodités de la conversation !

Aussitôt, il y a deux figurants, de préférence deux stagiaires de la Comédie-Française, qui amènent le fauteuil.

Je m'y laisse choir.

Je pousse mon dernier soupir... sur le souffle... mais audible...

Le public applaudit. On m'emporte...

Et comme je ne reviendrais pas saluer, le public saurait qu'un grand artiste vient de le quitter.

Mais c'est laisser le spectateur sur sa faim !

Je vais donc, si vous le permettez, répéter devant vous la scène finale...

(Il se met à la jouer.)

Le pianiste qui a joué la « marche » plus ou moins funèbre reste seul en scène.

Le téléphone sonne. Le pianiste décroche.

– Oui, c'est ici !... Ah, il vient de sortir... Ah oui, c'est trop tard !

Voix de l'artiste (en coulisse) :

– Qui est-ce ?

– C'est le grand directeur de la chaîne de télévision. Il demande s'il peut programmer l'émission posthume ?

– Non ! Dites-lui que l'on a encore besoin de quelques répétitions !

L'AMOUR

L'amoureux

Mes yeux sont amoureux de ce qu'ils voient. Dès qu'ils voient une belle poitrine, ils plongent. Même lorsqu'il est défendu de regarder, ils glissent un œil. Au lieu de jeter un regard sur telle chose, ils s'arrêtent sur chacune. Ils s'attardent sur les détails, ils décortiquent. Ils en font le tour. Mes yeux tombent surtout amoureux d'autres yeux... Dans ces cas-là, ils les fixent. Ils plongent leur regard dans celui des autres à un point que c'en est gênant ! Même quand je les ferme, ils aiment encore !
Ma bouche est amoureuse de la nourriture qu'elle absorbe. Au lieu de manger pour vivre comme il se doit, elle aime ce qu'elle mange. Au lieu d'avaler, elle déguste... Un rien lui met l'eau à la bouche...
Mes oreilles sont amoureuses folles de ce qu'elles entendent. Elles écoutent les yeux fermés.
Au lieu d'écouter certaines choses d'une oreille distraire, elles la tendent, elles la prêtent.
Lorsque quelqu'un me demande simplement de lui prêter une oreille attentive, je lui tends les deux ! Elles écoutent tout ce qui se dit, surtout de bouche à oreille. Elles se font oreilles d'âne pour avoir du son !

La belle histoire

Un jeune homme perd sa femme dont il était éperdument amoureux. Inconsolable...

Il se languissait.

Et puis un jour, dans son jardin, il voit une biche qui était descendue des bois pour échapper aux chasseurs. Cette biche disparut puis revint.

Au début, lorsqu'elle apercevait le jeune homme, elle s'enfuyait. Lui était heureux de l'apercevoir. Il n'avait qu'une crainte : c'est qu'elle ne revînt pas ! Mais elle revenait...

Petit à petit, ils n'avaient plus peur l'un de l'autre. Ils s'accoutumèrent.

Ses grands yeux de biche le fascinaient. Un jour, il eut la conviction, pour ne pas dire la révélation, que cette biche était la réincarnation de l'être cher disparu...

La belle défunte s'était réincarnée dans la biche... Il finit par en avoir la certitude. Elle tenait, par sa présence, à lui confirmer sa constance, sa fidélité...

Et puis, un jour, il l'attendit en vain...

Quelques mois plus tard, en ouvrant sa porte, que vit-il ? Sa biche que suivait un adorable petit faon...

Ils s'avancèrent tous les deux vers le jeune homme, attendant sa réaction...

Savez-vous ce que fit le toujours amoureux jeune homme ?

Il adopta le petit faon.

Déception

Je suis déçu. Je croyais que ma femme m'aimait. Elle me le disait et je la croyais.

J'avais confiance en elle. Totalement ! J'admirais ses vertus. Je la citais en exemple.

J'affirmais à qui voulait l'entendre qu'il n'y avait pas plus dévouée qu'elle, plus vertueuse qu'elle, plus fidèle qu'elle !

Et voilà que je découvre qu'elle n'est pas plus fidèle que moi, ni plus vertueuse, ni plus dévouée que moi !

Quelle déception !

Décidément, je ne vaux pas grand-chose !

Dé-cep-tion !

En perdre le boire et le manger et le sommeil

(L'artiste, assis à une table, rédige une lettre d'amour.)

Mademoiselle.

(Il bâille. Il lit tout ce qu'il écrit à haute voix.)

Depuis le jour où je vous ai vue…

J'en ai perdu le boire et le manger… et le dormir.

(Relisant.) Le dormir ?

Non, ça ne se dit pas !

(Il déchire la lettre, mord dans son sandwich et boit un petit coup de vin, tout en mettant en place une autre feuille de papier. Reprenant la rédaction de sa lettre :)

Mademoiselle, depuis le jour où je vous ai vue,

Je ne vis plus,

Je ne mange plus,

Je ne bois plus,

Je ne dors plus... et de plus...

De plus...

(Il cherche la suite. Il mord à nouveau dans son sandwich et boit à même la bouteille. Relisant la bouche pleine ce qu'il vient d'écrire :)

Mademoiselle, depuis le jour où je vous ai vue...

Je ne vis plus...

(Repoussant le sandwich.) Je ne mange plus...

(Repoussant la bouteille.) Je ne bois plus... et... de plus... j'ai sommeil...

(Il pose ses bras sur la table, sa tête dans ses bras et s'endort.)

La femme flamme

Je sors de mon paquet de gauloises ou de gitanes une cigarette...

Soudain, l'idée de vous, femmes, me vient à l'esprit.

La femme flamme (dessin de Raymond Devos).

Votre goût à la bouche...

Femmes, vous êtes notre « gris » que l'on prend dans ses doigts et qu'on roule et qui nous saoule...

Vous êtes notre opium !

Gauloises ou gitanes, nous vous allumons. Vous nous enflammez. Vous nous attisez.

Nous vous respirons profondément, à pleins poumons.

Vous êtes fumée et nous poussière.

Ô femme flamme !

Vous vous dissolvez dans l'atmosphère.

Atmosphère... atmosphère...

Est-ce que j'ai une gueule d'atmosphère ?

Oui, madame, vous n'êtes plus ni gauloise ni gitane... vous êtes atmosphère.

Notre atmosphère.

Vous êtes parfum.

Vous êtes parfaite.

On vous aspire en vous respirant.

Vous êtes en nous, femmes, comme nous avons été en vous, avant d'être hommes !

Voyage de noces

La gare de X.

Jouxtant la gare, un café-brasserie.

À la terrasse, quelques clients consomment. Parmi eux, une très belle jeune femme bien que peut-être d'un certain âge.
Avant de s'installer à une table, elle a posé une valise, quelques paquets aussi, puis elle a commandé une consommation.
Tandis que le garçon apporte la consommation, un jeune homme arrive, dépose au pied de la table à côté un sac et s'y installe.
Le garçon donne un coup de « fion » sur la table.
– Et pour vous ?
– Un Pernod pour Arthur !

Il se lève, fait un pas en avant, se retourne, regarde l'horloge de la gare qui est au-dessus de lui, vérifie sur sa montre... voit la jeune femme, lui dit, façon d'engager la conversation :
– J'ai dix minutes, pas plus, avant le départ du train !
– Eh bien, moi aussi !
– Ah ! Nous prenons peut-être le même train ?
– Ah non ! Moi, je prends le car. Je ne pars pas, je rentre chez moi.
– Eh bien, moi, j'en sors...
Le garçon apporte le Pernod.
– Voilà monsieur Arthur !
Elle :
– Vous vous appelez réellement Arthur ?

– Non ! C'est une plaisanterie de garçon de café...
– Vous lui avez tendu la perche.
– J'avoue. (Un léger silence.) Vous êtes bien jolie !
– Encore une perche tendue ?
– Plutôt une main ! (Il la lui tend... Elle la serre.) Si on trinquait ?
– À la santé de qui ?
– À la nôtre !
La jeune femme, Hélène, hésite à répondre. Arthur prend son verre et le pose sur la table d'Hélène.
– Je me présente...
Elle :

– Arthur ?
– C'est ça !... Et vous ?
– Hélène !... (Elle hésite à le faire asseoir.)
– Nous n'avons que dix minutes.
– Ah ! Alors, c'eût été pour la vie, j'aurais refusé. Mais dix minutes, oui ! C'est vite passé !
– Supposez qu'au lieu d'aujourd'hui, nous nous soyons rencontrés il y a disons six mois...
– Où ?
– Ici ! Et dans les mêmes circonstances. Je dois prendre un train qui part dans dix minutes et vous devez attendre dans le même temps le départ de votre car...
– J'arrive... je vous vois... j'engage la conversation... Vous ne la rompez pas... je m'approche de vous... Vous ne

vous éloignez pas... Je vous prends la main... Vous ne la retirez pas... Je vous vole un baiser. Après réflexion, vous me le rendez et... c'est le coup de foudre !

– Et que faisons-nous ?

– Vous, illico, vous allez vous faire rembourser le ticket de car... moi, presto, mon billet de train. J'achète au noir deux allers-retours pour un voyage de noces...

– Oui ! Deux jeunes mariés qui ont changé d'avis au dernier moment ? Une chance !

– Peut-être pour eux ?

– Pour nous aussi !

– Et je vous propose de partir en voyage de noces...

– Comme vous y allez !

– Vous y allez aussi : un coup de tête !

– Et où allons-nous ? Sans savoir qui nous sommes, ni d'où nous venons ?

– Ça, on s'en fout ! On ne s'est pas posé ce genre de questions ! On y est allé !

– Et... comment cela s'est-il passé ?

– Très bien ! Que dis-je... idyllique ! Le bonheur...

– Racontez-moi !

– Oh... Vous le savez bien !

– J'aimerais vous l'entendre dire !

– Eh bien, au début, tu étais un peu réservée...

– On le serait à moins.

– Vous n'osiez pas me tutoyer.

– Tout s'était passé si rapidement !

– Et puis, on a visité Venise...

– En gondole ?

– Oui !... Tu t'en souviens ?

– Très bien ! Tu m'as tout de suite emmené en bateau...

– Ce n'était pas formidable ?

– Mais si ! Je plaisante. C'était merveilleux !

– Quel séjour !...

– Idyllique ! Le bonheur ! Et cela ne faisait que commencer...

– Raconte ! Ensuite, où sommes-nous allés, toi et moi ?

– Eh bien, on a fait le tour du monde... La Chine... nuit câline... Le Pérou !

– Ah, ce n'était pas le Pérou, c'était le Venezuela !

– Tu as raison ! Comment puis-je oublier le Venezuela ?

Elle :

– Je ne t'ai jamais autant aimé qu'au Venezuela !

– Ah si ! À la Guadeloupe ! Et les Caraïbes ? Ah, les îles ! On a failli en acheter une...

Elle :

– Je n'ai qu'un seul regret...

– Ah ! Dis, mon amour !

– C'est de ne pas avoir vu Syracuse ! J'aurais tellement voulu voir Syracuse... Pourquoi avons-nous toujours évité

Syracuse ? (Haussant le ton.) Pourquoi m'as-tu toujours refusé Syracuse ? (Elle fait le simulacre de le frapper.)
Lui :
– Ah, tu as du culot ! Lorsque je te l'ai proposé, tu as voulu voir Vesoul et nous avons vu Vesoul !
Ils rient et s'embrassent.
– Et nous sommes là, tous les deux, comme au premier jour, aussi fous l'un de l'autre.
Rrrh. On entend le klaxon du car qui signale l'imminence de son départ.
– Il va falloir nous séparer...
Ils s'étreignent avec force et s'embrassent fougueusement.
Elle s'arrache à lui.
– Il faut que j'y aille ! (Elle prend sa valise.)
Il se lève et prend son sac.
– Je t'accompagne.
Rappel du car. Ils s'y dirigent rapidement. Il était temps.
Dernier baiser.
Elle monte.
– On se retrouve ce soir chez nous. Ne t'attarde pas !
Les portes se referment. Le car s'ébranle et s'éloigne. Des mains s'agitent... jusqu'à disparaître.
Arthur reprend son sac et pénètre dans la gare. Il monte dans le train de banlieue.
Après un rapide coup d'œil à un couple déjà assis :
– Ces places sont libres ?

– *Qué... ?*

Arthur n'insiste pas. Il dépose son sac dans le filet, s'assied. On le sent préoccupé. Il se lève rapidement, se dresse devant le couple.

Bon sang ! J'ai oublié de lui demander où nous habitions !

Le train s'ébranle. Il retombe assis sur la banquette.

Arthur regarde par la fenêtre défiler le triste paysage de banlieue.

L'ÉTRANGE

L'auréole

(L'artiste, brandissant un cerceau argenté :)

On vous a peut-être déjà montré un tigre qui passe à travers un cerceau... mais avez-vous déjà vu un ange qui passe à travers une auréole ? Vous l'allez voir, mesdames et messieurs !

(Brandissant le cerceau au-dessus de sa tête :)

L'auréole est visible... Si vous voulez voir l'ange, suivez mon regard ! Roulements ! Vas-y, Gabriel !

(On entend un grand boum pendant que le cerceau passe autour du cou de l'artiste.)

Qu'est-ce qui s'est passé ? Mesdames et messieurs, un incident regrettable indépendant de ma volonté. L'ange qui passait n'a pas vu déboucher sur sa droite un doute qui planait. Plaff ! Ils se sont rentrés dedans ! Le doute est descendu en vol plané. Mais l'ange a chu... et un ange qui choit... déchoit... Il n'a pas dû tomber loin... *(Découvrant.)* Je vois sa boîte noire ! *(Il s'en approche.)* C'est là où je remercie le ciel d'avoir fait du mime. Parce que celui qui n'a pas fait de mime ne pourrait pas continuer de raconter cette histoire !

(Il mime la boîte noire qu'il ramasse.)
Nous allons savoir exactement ce qui s'est passé… par la bande !
(Il porte la boîte à son oreille.)
J'entends la voix de l'ange. Il dit, je cite : « Quel est le connard qui a voulu faire passer ma tête à travers mon auréole ? »
(Au public, en aparté :)
Il parle de moi ! Ah, j'entends un froissement d'ailes. À nouveau, la voix de l'ange qui chante : « Plus près de toi, mon Dieu… plus près de… » Boum !
(Un temps. Retirant l'auréole qu'il a toujours autour de son cou comme s'il se découvrait :)
Mesdames et messieurs, à la mémoire de tous les anges qui sont tombés dans cette salle, nous allons observer une minute de silence… *(Devant une certaine réaction de la salle.)* Il n'y a que des doutes qui planent !

La méthode yoga

Je connais une méthode de relaxation imparable.
Vous savez que nous sommes constamment traversés par des ondes. Ça ne se voit pas mais on les sent passer. Il y a les bonnes ondes mais aussi les mauvaises. Les bonnes ondes, il faut les retenir mais les mauvaises, il ne faut pas les garder en soi. Il faut les évacuer. C'est ce que m'a enseigné mon voisin du dessus. Il fait du yoga.

– Faites comme moi ! m'a-t-il dit. Lorsque je suis plein de mauvaises ondes, je me concentre vers le bas... et vlouff ! Je libère mes mauvaises ondes. Les mauvaises pensées, les sentiments de haine, d'aigreur... les pulsions bestiales, etc., vous laissez glisser tout cela vers le bas. Toutes ces ondes négatives, vous devez les sentir dégouliner de la tête aux pieds. Cela fait un bruit de cascade... Il faut que vous les sentiez dégringoler sous vous. Et vous les laissez s'enfoncer profondément dans le sol. Vlouff ! Puis, épuré, vous levez les bras au ciel... et vous vous rechargez. Vous devez sentir les forces vives, les forces cosmiques entrer en vous, vous pénétrer, vous envahir. Dès que vous avez fait le plein de ces forces régénératrices... c'est-à-dire dès que vous sentez une petite auréole au-dessus de votre tête, vous repartez pour un jour nouveau, animé des meilleurs sentiments.

Je lui dis :

– Je les sens d'autant plus dégringoler, vos mauvaises ondes, que comme je suis à l'étage au-dessous, je prends toutes vos mauvaises ondes sur la tête !

– Ne croyez pas ça parce qu'au-dessus de moi, il y a un type qui fait la même chose. Quand il évacue ses mauvaises ondes, c'est sur moi que ça retombe.

– Et qu'est-ce que vous en faites ?

– Eh bien, je vous les repasse !

– Merci !

– C'est en cascade. C'est comme une chaîne de solidarité. Il ne faut pas la rompre.

– Alors, moi, si je n'évacue pas mes mauvaises ondes ?

– Vous bouchez tout le circuit !

Moi, j'ai fait ça... il y a deux jours, chez moi. J'habite le premier étage. Je me lève le matin. Aigreurs... acidités... la haine du monde, les mauvais sentiments, l'instinct bestial.

Alors, aussitôt, tout ça... hop !... évacué le long des jambes, des pieds...

Seulement, ce que je ne savais pas, c'est que ma concierge était juste en dessous. J'évacue tout ça.

La concierge... Vlouff ! Elle prend tous mes mauvais sentiments sur elle... Ah...

Alors, je me recharge là-haut et juste mon voisin du dessus était en train de se décharger de ses mauvaises ondes, ses mauvais instincts, tout ça... Vlouff ! Je les prends !

Moi, qu'est-ce que je fais ? Je les envoie à nouveau sur le dos de ma concierge et puis je me recharge... Ah... Alors, je sens cette espèce de béatitude, la pureté, les bons sentiments...

« Tout le monde, il est bon, tout le monde, il est gentil. »

Et le voisin en fait autant. Et puis, on sort, on se rencontre... Deux petites auréoles...

– Mon frère !... Passez !

On passe devant la concierge. Et elle sort... Rhaa ! On n'a pas été trop de deux pour la maîtriser. Alors, maintenant, quand on fait cet exercice, on fait tout ça dans la loge de la concierge.
Comme ça, on est tranquille.

FORCES DE L'ORDRE

Au ban des victimes

Avant-hier soir, en rentrant chez moi, j'ai pris un coup sur la tête ! Paff !

Je me suis retrouvé à la gendarmerie… assis sur un banc !

Il y avait des allées et venues… Un gendarme :

– Qui êtes-vous ?

– Je suis un honnête citoyen. Je fais partie de la société…

– Vous faites partie de quoi ?

– De la société…

– Ah, je note !

Quelqu'un qui devait être le chef dit en me désignant :

– C'est lui le coupable ?

– Ah non, dit le gendarme, lui, c'est la victime !

Le chef :

– Ne m'intéresse pas… c'est le coupable que je veux !

Je voyais les gendarmes qui s'affairaient. Ils sortaient, ils entraient.

– Pas trouvé, chef !

Le chef :

– Ramenez-le-moi !

Il a convoqué le ban et l'arrière-ban. De temps en temps, il se tournait vers moi, surpris :

– Qui êtes-vous, vous ?

– Moi, je suis la victime !

– Ah !... Alors, ce coupable, ça vient, oui ?

Un peu plus tard :

– Qu'est-ce que vous faites là, vous ?

– Moi ? Je suis la victime.

– Ah ? Eh bien, vous... on vous retient !

Effectivement, ils m'ont retenu toute la journée. Parfois, pourtant, ils paraissaient s'intéresser à moi :

– Qu'est-ce qu'il fait, celui-là ?

– Moi, je suis la victime !

– Et c'est à cause de ça que...

– Où est la victime ?

– Je suis là, sur le banc !

– Eh bien, dites-le !

J'ai demandé à aller au petit coin. Ils m'y ont enfermé par habitude !

Au bout d'une demi-heure, un gendarme est venu ouvrir :

– Qu'est-ce que vous faites là, vous ?

– Je suis la victime.

– Alors, pourquoi vous enfermez-vous ? Depuis le temps qu'on vous recherche... vous aviez quelque chose à cacher ?

– Ben…

– Le chef a deux mots à vous dire.

Ils m'ont ramené dans le bureau.

– Chef ! On a retrouvé la victime !

– Je m'en fous !… Ne m'intéresse pas ! C'est le coupable que je veux !

Je suis resté planté là. Au bout d'une heure, j'ai dit :

– Je peux m'asseoir ?

– Hein ? Qui est-ce, celui-là ?

J'ai dit :

– Moi ? Je suis la victime !

Le chef :

– On le saura que vous êtes la victime ! Cessez de vous plaindre ! Je suis la victime ! Je suis la victime ! Il n'y a pas de quoi être fier !

On commençait à s'intéresser à moi lorsqu'un gendarme est entré :

– Ça y est, chef ! On a retrouvé le coupable !

Le chef :

– Ah ! (Il était heureux.) Vous, la victime, regagnez votre banc !

Il n'y en a plus eu que pour le coupable. Ils ont commencé à l'interviewer :

– Et alors ?

– Ça s'est passé comment ?

De temps en temps, je disais faiblement :

– Cela ne s'est pas passé comme ça…
– Vous, bouclez-la !
– Mais… je suis…
Le chef :
– Si vous ne la bouclez pas, on vous boucle ! (Au coupable.) En somme, vous êtes la victime de la société ?
Le coupable :
– C'est ça !
Le chef :
– Parfait !
Il se retourne vers moi :
– Dites donc, la société, venez ici !

Il a fait asseoir le coupable sur le banc des victimes.
Et moi, la victime, on m'a mis au ban de la société !

La peur du gendarme

Récemment, j'étais sur la route et, tout en conduisant, je me livrais à mon passe-temps favori : déceler derrière les bosquets la présence d'éventuels gendarmes guettant le contrevenant.
Pour ça, j'ai l'œil et le bon ! Je suis capable de vous dire à cent cinquante mètres :
– Là, il y en a un ! Là, il n'y en a pas !
Habituellement, lorsque j'en ai repéré un, voilà comment les choses se passent : j'arrête ma voiture à l'abri des

regards et, sans être vu, je m'approche sur la pointe des pieds et je fais :

– Bouh !

Si le gendarme ne réagit pas, je lui crie alors :

– Sors de là, gendarme ! Je t'ai vu !

En général, il sort sans faire d'histoire...

Je lui demande alors innocemment ma route...

Il me l'indique et l'incident est clos.

Mais hier, lorsque j'ai crié à un gendarme que je venais de débusquer : « Sors de là ! Je t'ai vu ! », il s'est mis à dételer à toutes jambes !

Moi, je ne fais ni une ni deux, je me lance à sa poursuite en criant :

– Arrêtez-le ! Arrêtez-le !

Instinctivement, il s'est arrêté. Il m'a dit :

– Qui dois-je arrêter ? (La conscience professionnelle.)

– Vous ! Pourquoi fuyez-vous ?

– Parce que j'ai peur !

– De quoi ?

– J'ai peur de me faire attraper par mon chef ! Je vous avais pris pour lui.

– Qu'est-ce que vous avez fait ?

– Une bavure ! J'ai enfermé un ministre par mégarde... Une erreur judiciaire ! Je l'ai mis sous les verrous... manque de chance, le ministre avait la clef... Il s'est libéré par ses propres moyens et mon chef a lancé un

mandat d'arrêt contre moi... Comme je n'ai pas reçu le mandat, je cours toujours !
– Écoutez, gendarme ! Permettez-moi de vous dire que votre planque laisse à désirer !
– Je sais. Dans cette région, les cachettes sont peu sûres.
Je lui dis :
– Moi, je connais un de ces petits fourrés derrière lequel vous serez à l'abri... Vous pourrez y attendre des jours meilleurs, un remaniement ministériel... Montez, je vous y emmène !
En cours de route, chaque fois que je croisais une voiture, je faisais des appels de phare pour signaler aux conducteurs la présence d'un gendarme, sans préciser qu'il était au fond de ma voiture. Quelquefois que le pandore aurait pris des notes... On ne sait jamais avec ces gens d'armes... Un coup fourré ! Arrivés devant le fourré en question, je le relâche, je le dépose. Il s'y engouffre ! Ah, que vois-je s'égailler dans la nature ? Une nuée de gendarmes, comme une volée de moineaux !
Et mon gendarme qui courait derrière eux en criant :
– Arrêtez ! Arrêtez ! Je suis des vôtres, moi aussi ! Je suis en cavale !
Et plus de gendarmes ! Tous disparus derrière les arbres !
C'est là que j'ai compris que lorsqu'on parle de la peur du gendarme...
Ce n'est pas de la peur qu'il inspire, mais de celle qu'il éprouve !

Peur injustifiée

Quelquefois, on a des peurs stupides, des effrois injustifiés.

Récemment, je devais passer la frontière et, subitement, en voyant l'uniforme du douanier français, j'ai eu peur... J'étais comme ça, tout tremblant...

– Vous n'avez rien à déclarer ?

– Je crois que non !

– Comment, vous croyez ? Vous n'en êtes pas sûr ?

– Je ne suis jamais sûr de rien, moi.

– Enfin... vous cachez quelque chose, oui ou non ?

– En principe... non !

– Alors !

– Alors, alors... pourquoi ai-je peur ?

– Car, si vous avez peur, c'est que vous cachez quelque chose !

– C'est bien ce que je craignais... à chaque fois c'est pareil !

– Que cachez-vous ?

– Pour ne rien vous cacher... je n'en ai pas la moindre idée.

– On va voir ça.

Il a regardé un peu partout.

– Vous n'avez rien.

– Vous avez bien cherché ?

– Je connais mon métier, non ! Pour la fouille, je suis imbattable.
– Vous êtes imbattable, peut-être ! En attendant, moi, j'ai peur... et comme vous me dites que ça cache quelque chose... je voudrais bien savoir quoi... Vous avez excité ma curiosité.
– Bon !
Il a encore cherché sous les sièges...
– Dans les vide-poches ?
Il regarde.
– Rien ! Je suis désolé.
– Ce n'est pas possible !

– Écoutez ! J'ai fouillé partout, hein, vous êtes témoin ? Bon !
– Sauf dans le coffre !
– Non, ce serait trop facile !
– Regardez tout de même, quelquefois...
– Vous vous faites des idées.
– Pour ma tranquillité personnelle...
– Je ne suis pas là pour ça !
– Bon ! Puisque vous n'en avez pas le courage... je vais regarder moi-même.
J'ouvre le coffre... Ah, dites donc, tout était là ! Les chocolats, les cigarettes, l'alcool, tout ! Je le referme et je pousse un ouf de soulagement.
Le douanier me dit :

– Alors, cette peur ?

Je lui dis :

– Dissipée. Injustifiée !

Moralité : quand on passe une frontière, la première chose qu'il faut cacher, c'est sa peur !

TEXTES HYBRIDES

Le bonimenteur

C'était ce qu'on appelle un beau parleur.

Tout petit déjà, il avait la langue bien pendue...

Avant de faire ses premiers pas, il avait dit ses premiers mots.

Il ne pouvait pas s'arrêter de parler. Il avait toujours beaucoup à dire et il le disait.

Et quand il n'avait rien à dire, il le disait encore. Même quand il se taisait ou qu'il ne voulait pas répondre, il disait pourquoi.

Il parlait en mangeant.

Il parlait à bâtons rompus.

Il parlait par onomatopées.

Il parlait en marchant.

Il parlait en s'asseyant.

Même la nuit, il parlait en dormant.

C'était chez lui une maladie incurable.

Un jour, il en a eu assez de faire du boniment, de faire marcher sa langue...

Il décida de mettre fin à ses jours.

Après avoir fait tourner sept fois sa langue dans sa bouche, il l'avala avec son bulletin de naissance.

Les idées

« Je n'ai des idées que parce que j'ai des images dans la tête. » Voltaire

De nos jours, on n'a aucun mérite. Nos idées sont toutes faites.
Mais à l'époque, les idées, il fallait se les faire !

Archimède n'a jamais pris un bain de sa vie ! Archimède n'a jamais plongé son corps dans un liquide ! Il en a eu l'idée, c'est tout ! Comme il avait peur de se mouiller, il y a plongé l'idée !
Il s'est aperçu alors que toute idée plongée dans un liquide... etc.
Il en a déduit que pour le corps, c'était pareil !
L'idée de Christophe Colomb. Je ne parle pas de l'idée de l'œuf. Comment faire tenir un œuf debout, c'est une idée de comique, une idée de clown !
Non, je parle de sa grande idée... Quitter « sa » terre pour aller en découvrir une autre...
Comment l'idée lui est venue ? C'est l'idée qui a pris la mer.

C'est l'idée finalement qui a traversé les océans.
C'est l'idée qui a crié : « Terre ! Terre ! »
Et c'est elle qui a posé le pied sur le sol du Nouveau Monde !
Comme quoi, une idée, ça peut mener loin, à condition qu'elle soit bonne !
Lindbergh a lancé une idée en l'air et l'idée a traversé l'Atlantique.
Lui, il est resté à terre, sur cette même terre sur laquelle l'idée de Christophe Colomb avait débarqué.
Mais alors, me direz-vous, l'arrivée de Lindbergh au Bourget ?
C'est du cinéma ! D'ailleurs, où l'avez-vous vu ? Au cinéma ! Pourquoi n'a-t-on pas vu Christophe Colomb débarquer en Amérique ? Parce que le cinéma n'existait pas ! En revanche, on a vu les Américains débarquer en France. Parce que le cinéma existait !
Tout ce que l'on voit, c'est du cinéma ! Ce ne sont que des idées !
Les gens qui meurent de faim, c'est une idée.
Je ne sais pas qui a eu cette idée, mais si je le savais, je lui ferais avaler son bulletin de naissance !
Les guerres, les tortures, ce sont des idées ! Enfin, réfléchissez !
Quel est l'homme qui serait capable d'en torturer un autre au moyen de quoi, de quelle idée ?

C'est l'idée qui torture, c'est l'idée qui tue !

C'est pour cela que, lorsque les gens découvrent cela, ils disent : « Quelles drôles d'idées ! »

L'IMAGINAIRE

À la tête du client

À la question : « Comment peut-on mener une double vie et d'abord, est-ce possible ? », je réponds : « Oui ! »
Tous ceux qui fréquentent l'imaginaire le savent bien. Un exemple de dédoublement :
Un jour, de retour dans le réel, je prends un taxi. Tout de suite, je me rends compte que le chauffeur conduisait comme une savate. C'est-à-dire qu'il levait rarement le pied. Je regarde dans le rétroviseur pour voir la tête que pouvait avoir un monsieur qui conduisait aussi mal… Ah, dis donc ! C'était la mienne ! C'était moi, oui, moi ! Je me suis reconnu tout de suite…
Il faut dire qu'il y a dix ans, la même mésaventure m'était arrivée du temps où j'étais chauffeur de taxi. Arrivé à l'adresse que m'avait indiquée le client (qui se trouvait être la mienne) :
– Combien vous dois-je ? m'avait dit le client.
Cette voix, je la connaissais… Je regardai dans le rétroviseur. Le client… c'était moi !
J'avais dit :

– Non, non ! La course, c'est pour moi !
Il m'avait dit :
– Non, c'est moi !
J'avais dit :
– Non, c'est moi !
Finalement, c'est moi qui avais payé la course… car c'était bien d'une course qu'il s'agissait et contre la montre !
Je m'étais dit : à charge de revanche !
Et voilà que, aujourd'hui, dix ans après, la même situation se présentait.
Les rôles étaient inversés…

Arrivés devant l'adresse que je lui avais indiquée, qui se trouvait aussi être la sienne, à ce qu'il m'a dit :
– Combien vous dois-je ? lui dis-je.
Je le vois qui m'observe dans le rétroviseur. Il me dit :
– Non, non ! C'est pour moi !
Je lui dis :
– Non, non, c'est moi !
Finalement, c'est encore moi qui ai payé ! Voilà ce que c'est que de faire payer selon la tête du client. En sortant de mon taxi, je n'ai pas pu m'empêcher de lui dire :
– Vous conduisez aussi mal que moi !
Il m'a répondu :
– D'après le pourboire, vous êtes aussi pingre que moi !
Et on a fait comme si on ne se reconnaissait pas.

- Au revoir, monsieur !
- Au revoir !
Conclusion : qu'il soit réel ou imaginaire, le monde est petit.

L'ardoise

Mes plus belles œuvres, je les ai écrites à l'âge de 5 ans, sur une ardoise... et à la craie...
L'angoisse devant l'ardoise noire... qu'il faut blanchir... je l'ai connue très tôt. Comme je n'avais pas les moyens de me payer plusieurs ardoises, quand j'avais écrit quelques vers d'un côté, je retournais l'ardoise et j'écrivais sur l'autre côté.
Arrivé au bas de l'ardoise, je la retournais, j'effaçais ce qui était écrit avec un chiffon et je poursuivais mon récit.
C'est ainsi que je n'ai jamais pu me relire.
Dieu merci, j'ai gardé les chiffons.
Mon père, lui, en revanche, avait plusieurs ardoises en permanence au bistrot d'à côté. Comme il ne les réglait pas, il pouvait en avoir plusieurs...
Je dois dire que c'est sur ces ardoises que j'ai appris l'arithmétique. Le drame, c'est que mon père qui était négligent, quand l'ardoise était chargée, sous prétexte qu'il n'avait pas de chiffon en poche, allait étancher sa soif de comptes sur le comptoir du café d'à côté !

Assiégé par les objets

L'écrivain est assis à sa table de travail. Comme sa feuille se met en « rouleau », il prend un des objets qui l'entourent, un galet, et le pose sur le haut de la feuille pour la maintenir à plat. Alors qu'il s'apprête à reprendre son récit, la pierre qu'il a posée sur sa feuille regagne sa place et la feuille se remet en « rouleau ». Instinctivement, il remet la feuille à plat et l'y maintient en remettant le galet…
Même jeu. Surpris, il commence à réaliser…
Après avoir un peu plus nerveusement remis sa feuille à plat… et reposé la pierre sur le haut du papier, comme celle-ci « regagne » à nouveau sa place, l'écrivain… s'empare d'un cendrier et, tout en surveillant du coin de l'œil sa pierre, il se remet au travail.
Soudain, la pierre amorce un mouvement de recul. L'écrivain place alors le cendrier sur la feuille. Comme il va pour reprendre sa page d'écriture, le cendrier regagne sa place… Il est aussitôt remplacé par la pierre qui empêche de justesse la feuille de se replier. L'écrivain, agacé par ce petit jeu des objets, remet la pierre à sa place et maintient la feuille à plat avec son autre main… et il poursuit sa page d'écriture. C'est alors que, tout en écrivant, il finit par s'apercevoir que tous les objets qui l'entourent se rapprochent insensiblement de lui, chaque fois qu'il lève la tête ou pendant qu'il regarde ailleurs. Il finit par être assiégé par les objets qui l'entourent.

Ces objets montent à l'assaut de ses mains sur la feuille et, petit à petit, le cernent.
Tandis que, petit à petit, les objets envahissent sa feuille, qu'ils s'en emparent avant qu'ils ne l'occupent totalement, l'écrivain se voit contraint de lever les mains... d'abord l'une, puis l'autre... puis les bras !
Il s'est rendu à l'évidence : on veut l'empêcher d'écrire !

Disparu de l'affiche

Vous savez que je fais souvent des petits voyages dans l'imaginaire.
Et au cours d'un de mes derniers voyages, je rencontre une femme, comme j'aime me les représenter, mon type...
Elle s'arrête devant moi. Elle me dit :
– Oh, mais je vous reconnais, vous ! Je vous ai vu jouer il n'y a pas si longtemps...
– Réellement ?
– Non ! Ici, dans l'imaginaire.
– Écoutez, vous devez faire erreur. Je n'ai jamais joué dans l'imaginaire pour la bonne raison que, à ma connaissance, il n'y a pas de salle de spectacle.
Elle me dit :
– Non ! Mais il y a des colonnes Morris ! Je vous ai vu annoncé sur une de ces colonnes. Vous exécutiez un numéro de magie.

– Ah ?

– Oui ! Vous teniez une de vos affiches enroulées au-dessus de votre tête. Vous disiez : « Je me présente. » Vous laissiez l'affiche se dérouler devant vous. Elle vous représentait en pied. L'illusion était complète, plus vraie que nature. Vous disiez : « Mesdames et messieurs, je vais me faire disparaître… » Hop ! L'affiche s'enroulait d'elle-même au-dessus de votre tête. Il n'y avait plus de tête, plus de corps ni de jambes… Il n'y avait plus que vos chaussures… vides ! Et tout à coup, vos chaussures se sont mises à danser les claquettes, comme un pro, et elles ont quitté la colonne Morris sur la pointe des pieds. Et l'affiche est retombée, sous les applaudissements, comme un rideau ! Et stupeur ! Vous aviez aussi disparu de l'affiche. Depuis, on n'a plus jamais entendu parler de vous !

L'élection des lecteurs

– Vous êtes en retard, dit le régisseur à l'homme de lettres qui arrivait en courant. La lecture de votre livre est déjà commencée.

– Excusez-moi… Où en sont-ils ?

– Entre deux chapitres ! Je vais en profiter pour vous annoncer.

Tandis que l'homme de lettres remettait un peu d'ordre dans sa tenue, il entendit prononcer son nom.
Silence de mort !
– Cela s'annonce bien, dit le régisseur en réapparaissant. Ils n'ont pas bronché.
– Ce qui prouve ?
– Ce qui prouve qu'ils sont captivés !
Le virent-ils seulement entrer ? L'auteur avait écrit avant ce premier livre une pièce de théâtre qui avait été huée...
Il s'avança sur la pointe des pieds...
L'auteur du livre du « moi » que l'on jugeait (non, non, le mot n'est pas trop fort !) entra dans la salle des lecteurs. Elle était comble.

Les lecteurs, plongés dans la lecture, ne daignèrent même pas lever la tête.
Quelqu'un lui désigna une chaise au centre de l'estrade.
Cette chaise était tout un symbole... comme aux assises.
En cas d'acquittement, on y était comme dans un fauteuil académique.
Dans le cas contraire, elle prenait l'allure d'une chaise électrique.
C'était l'exécution.
L'écrivain :
– Je m'assieds où ?
– Ce sont les grands lecteurs qui vont décider.

La montre de 8 h 47

Il s'en aperçut en regardant sa montre... qu'il s'était passé quelque chose d'anormal.
Habituellement, lorsqu'il voulait savoir l'heure, il ramenait le poignet à hauteur de ses yeux... il levait le coude gauche à hauteur de sa bouche. Il faisait le même geste que pour boire...
Alors que là, il se surprit à plonger sa main droite dans la poche de son gilet et à en sortir une montre, en forme d'oignon, retenue par une chaîne.
Ce qui le surprit le plus, c'est que le geste qu'il fit pour regarder l'heure était habituel, coutumier...
Il était 8 h 47.
Il se surprit à réfléchir...
Si le geste qu'il venait de faire était surprenant, l'heure, en revanche, lui rappelait quelque chose. 8 h 47 ? Voyons... Qu'est-ce que cela évoque pour moi ?
Mais oui ! 8 h 47, c'était l'heure de son train ! Il devait prendre le train de 8 h 47... oui, mais pour aller où ?
Pas à son travail... il s'y rendait à pied... Et c'était à cinq minutes de chez lui ! Alors où ? Il jeta un coup d'œil autour de lui.
Le paysage, si j'ose m'exprimer ainsi, lui était familier. C'était sa rue... Le trajet était celui qu'il empruntait, si ses souvenirs étaient bons, tous les jours...

Et pourtant, la circulation n'était pas la même. Les gens étaient vêtus différemment... Et, chose étrange, ils portaient presque tous des chapeaux melon et des chapeaux claques... et ils marchaient vite ! Pourquoi marchaient-ils si vite ? Ils couraient presque !

Avaient-ils tous peur de rater le train de 8 h 47 ? Mais d'abord, quel jour étions-nous ? Il voulut traverser pour acheter le journal au kiosque qui se trouvait sur le trottoir d'en face... Il faillit se faire renverser par un fiacre... qui avait dû brûler le feu rouge... puisque celui-ci n'était plus au carrefour. Au milieu de la rue, il dut s'arrêter...

Des fiacres, des vélos et des voitures d'un autre âge venaient de tous les côtés, l'agressaient... Après avoir essuyé quelques injures, il parvint devant son marchand de journaux habituel... Il n'était pas à la devanture... Il ne fut qu'à moitié surpris...

Il commençait à s'habituer à l'étrange. Il sortit à nouveau, en tirant d'un geste apparemment naturel sur sa chaîne, la montre de son gousset. Le cadran affichait 8 h 47.

Bon ! Il fallait se rendre à l'évidence. Il avait raté son train. Il prit un journal, n'importe lequel...

– Combien vous dois-je ?

– Deux sous ! dit le vendeur.

– Je n'ai que des euros ! dit notre homme.

– Je ne les prends pas. Je ne prends que les sous !

– Les quoi ?

– Des sous ! cria le vendeur de journaux. Des sous !

– Des sous ! cria quelqu'un qui en brandissait un.

– Des sous ! crièrent les passants les plus proches.

– Des sous ! reprirent en chœur les passants qui s'étaient groupés sans qu'il s'en aperçoive.

– Que se passe-t-il ? demanda-t-il à une femme qui venait de le pousser dans la foule.

– C'est la manifestation de 8 h 47 ! Vous êtes en retard ! Et d'abord, monsieur, me permettez-vous une question ? Pourquoi n'êtes-vous pas habillé comme nous ?

– Oui ! dit un autre. Pourquoi êtes-vous tête nue ? Vous ne pouvez pas vous couvrir la tête comme tout le monde ?

– Parce que, dit-il, je n'aime pas porter le chapeau !

– Ah ! Vous préférez le faire porter par les autres ? C'est ça, hein ?

– Mais non !

– Mais si !

Le ton montait.

– Tous à la gare, cria quelqu'un qui ressemblait à un syndicaliste !

– À la gare ! cria la foule.

Il voulut les avertir. Il était obligé de crier plus fort qu'eux pour se faire entendre.

– Si c'est pour le train de 8 h 47, il est trop tard ! Vous l'avez raté !

– On s'en fout ! cria le syndicaliste. Nous prendrons le suivant !

– Voici le tramway ! dit une femme.

Les manifestants, car il s'agissait bien, apparemment, d'un soulèvement populaire, arrêtèrent le tramway et le prirent d'assaut ! Le tramway reprit sa route comme si de rien n'était. Ne voulant pas rester à la traîne, notre homme se mit à courir derrière le tram ! Celui-ci faisant de nombreux arrêts, il arriva à la gare avant tout le monde. Le train de 8 h 47 s'ébranlait. Il réussit à le prendre en marche…

Stupeur ! Le wagon était vide. Il était le seul voyageur. Il avait une chance inouïe. Il pensait à tous ces gens qui devaient continuer à défiler dans la rue, empêtrés dans leurs pancartes et qui réclamaient des sous !

– Billet, s'il vous plaît, lui dit un contrôleur.

– Ah, je n'en ai pas !

– Mais vous avez des sous ?

– Non, je n'ai que des euros.

– Mais il y a longtemps que ça n'a plus cours ! Vous pouvez vous les mettre où je pense, vos euros ! Avez-vous de l'argent suisse ?

– Non !

– Alors, descendez !

Il tira la sonnette d'alarme. Le train de 8 h 47 stoppa net. Il descendit. Il regarda sa montre. Elle était suisse !

– Ah, zut ! J'aurais pu la laisser en garantie. Tant pis !

L'aventure commençait. Il n'était pas contre. Cela le changeait du train-train quotidien… Il regarda autour de lui… C'était la campagne à perte de vue…

Il respira profondément les odeurs qui lui chatouillaient les narines… C'était nouveau pour lui. Il ne savait même pas que cela existait, le fumier ! Qui dit fumier dit ferme. Effectivement, il voyait monter d'une cheminée un panache de fumée… erreur ! Cela venait de la locomotive qui s'éloignait, laissant un sillage de fumée… Quel panache ! Ça a plus de gueule qu'un TGV que l'on ne voit même pas passer, tellement il va vite !

Il s'engagea sur la route en chantant *La Vie qui va* de Charles Trenet…

Il se sentait libre. Il entendit venir derrière lui un tracteur qui tirait une bétaillère…

Il klaxonnait à tout rompre et les vaches meuglaient comme des veaux, en le regardant passer !

– Oh ! Eh, lui dit-il en s'écartant, il n'y a pas le feu au lac !

Le paysan stoppa net.

– De quel lac parlez-vous ?

– De… celui… le plus proche !

– Oh, mon pauvre monsieur, vous en êtes encore loin ! Puisqu'il n'y a pas le feu au lac, à ce que vous me dites, vous avez le temps de vous y rendre avant qu'il ne se déclare !

– Merci !

Il ne voulut pas poursuivre une conversation qui ne menait à rien. Soudain, il perçut une sonnerie… D'où venait-elle ? De son gousset !

Il chercha dans sa poche de pyjama son oignon. Il avait disparu ! Il regarda son poignet. Sa montre-bracelet aussi ! Seul le tic-tac de son réveil lui fit prendre conscience que s'il ne voulait pas rater son TGV qui partait pour la Suisse, il fallait qu'il se lève et plus vite que ça !

C'est alors qu'il vit que son réveil s'était arrêté à… 8 h 47 !

Le portemanteau

S'il y a une phrase que les choses ne peuvent pas supporter, c'est : « Une place pour chaque chose et chaque chose à sa place ! »

Je vis le portemanteau qui était saisi de mouvements convulsifs… comme si le sol tremblait sous lui… Ma canne qui était accrochée à une patère oscillait comme le balancier d'une pendule et cognait régulièrement contre le bois du portemanteau.

Mon chapeau semblait… pardonnez-moi l'expression… n'en faire qu'à sa tête…

Puis le perroquet, après quelques hésitations, se mit en marche... cahin-caha... il gagnait du terrain...
Le message était clair. Tous ces objets n'en pouvaient plus de rester là, cloués sur place, inertes... Ils avaient besoin de mouvement. Ils voulaient sortir de leur inertie, changer de place. Ils avaient la bougeotte.
Je compris qu'ils dépendaient de moi... qu'ils attendaient que je les prenne en main. Ils avaient soudain pris conscience de leur inutilité. Ils s'étaient mis en branle. Et moi, je laissai partir mon portemanteau, pour voir... Quoi ? Jusqu'où il irait !
Savait-il seulement où il allait ?

Je le suivis. Il s'approcha de la porte. Je vis un de mes gants sortir de la poche de mon pardessus, se saisir de la poignée...
Je restai là, pétrifié, alors que j'aurais dû me précipiter sur mon portemanteau, lui barrer le chemin, l'empêcher de sortir, discrètement, sans qu'il me voie !
Dès qu'il pivotait sur lui-même, je m'immobilisais... Je le vis descendre une ou deux marches, vaciller...
Je me précipitai et l'entourai de mes bras. Il était temps ! Je le sentis s'abandonner entièrement.
Je mis mon chapeau sur la tête, ma canne à mon bras, mon portemanteau sur une épaule, mon pardessus sur l'autre et je rapatriai tout ce petit monde...

LA LANGUE

A

Un médecin vient voir un patient chez lui. Il demande à la femme du patient :

– Qu'est-ce qu'il a ?

– J'hésite à le dire.

– Ah ? (Au patient :) Ouvrez la bouche !

Le patient s'exécute.

Le docteur :

– Faites « A » !

Le patient :

– Ah… Ah… Ah…

– Non ! Un seul « A ».

– Ah… Ah… Ah…

Le docteur (à la femme du patient) :

– Qu'est-ce qu'il a ?

– Il est bègue.

– Ah ?… Ah, ah !

Le docteur (au patient) :

– Dites « A » une fois et c'est tout !

– Ah… Ah… Ah… et c'est tout… tout… tout…

(À la femme :)

– Est-ce qu'il tousse ?

– Non !

– Pourtant, si je veux savoir ce qu'il a, il faut qu'il me dise « A », un seul « A » ! (Au patient :) Écoutez... faites « A » et aussitôt, fermez la bouche... (En se plaquant la main sur la bouche.) Flock !

– Ah ! (Il se plaque la main sur la bouche.) Flock... flock... flock...

La femme :

– Je vous ferai remarquer, docteur, que si vous lui demandez de fermer la bouche, vous ne verrez pas ce qu'il a au fond de la gorge !

– C'est juste ! (Au patient :) Dites-moi, lorsque vous faites (il se plaque la main sur la bouche) flock... flock... flock... est-ce que cela vous fait mal à la tête ?

Le patient fait signe que oui de la tête trois ou quatre fois.

Le docteur :

– Alors, ne le faites pas ! Si vous ne pouvez pas faire « A », faites « E ».

– Euh... Euh... Euh...

– Ah ! Là, il hésite... Ne faites qu'un « E ».

La femme :

– Je vous ferai remarquer, docteur, qu'on ne dit pas un « E », mais un œuf !

Le docteur :

– C'est juste. Remarque judicieuse...

Le patient :
- Œuf… Œuf… Œuf !…
Le docteur :
- Tiens ? Il n'en a fait que huit neufs !
Le patient, rectifiant :
- E… E… E… E…
Le docteur :
- Au lieu de faire « E », faites « U »…
- U… U… U…
- C'est sensiblement pareil. Alors, faites « O ».
- O… O… O… O…
- Ce n'est pas mieux. Reste le « I ». Faites « I ».
Le patient :
- I.
- Encore !
- I !
Le docteur (heureux et surpris) :
- Il a fait « I »… hi… hi hi… hi hi… (Au patient :) Vous avez fait : Hi ! Hi ! Hi !… (Il rit à gorge déployée.)
Le patient, étonné :
- Ah ?

L'autonomie du Nord

Vous savez que, quelquefois, on me dit : « De quelle nationalité êtes-vous ? Êtes-vous belge ou français ? »

Je ne suis ni l'un ni l'autre... Je suis un Cht'mi.

Le Nord, c'est mon pays. C'est ma région d'être.

Et je profite de la parole qui m'est donnée pour la prendre et pour réclamer l'autonomie du Nord !

Je suis un séparatiste et je dis : « La Bretagne aux Bretons ! Le Pays basque aux Basques ! La Corse aux Corses ! Et le Nord aux Nordistes ! Et le reste aux Français... s'il en reste ! Chacun chez soi... et les autres chez eux ! »

Et à celui qui voudrait remplacer le patois de chez nous par la langue de chez lui, je dis : « Non ! Le patois ne sortira pas d'ichi ! »

Et à celui qui voudrait nous museler, je dis : « Ferme t'bouc ! T'in nez y va quer ed'din ! »

Ce n'est pas beau, ça : « Ferme t'bouc ! T'in nez y va quer ed'din » ?

Ce n'est pas joli, ça ?

Allez demander à un Corse de dire : « Ferme t'bouc... »

D'abord, il va vous l' chinter *(chanté)* : « Ferme t'bouc... »

Pour chanter, il va l'ouvrir... sin bouc... sin nez y va quer ed'din... et il ne pourra plus en bailler une !

Souvent, lorsque je m'exprime en patois, on me dit : « Ah non, pas toi ! »

Et pourquoi pas mi ?

D'ailleurs, quand on dit « pas toi » en patois, on fait une faute de français en patois.

Parce que, en patois, « pas toi » se dit « pas ti ».

Si bien que, si au lieu de dire « pas ti ! », on dit « pas toi ! », c'est le patois qui en pâtit ! Et patati et patatois...

Parfois, on me dit : « Monsieur, lorsque vous parlez la langue du pays, est-ce que vous pensez directement en patois ? »

Non ! Je commence par penser en latin...

Et ensuite... je traduis en patois.

Exemple :

Le dimanche, à l'église, quand la messe est finie, je pense : *« Ite missa est. »*

Et je dis : « Allez, che fini, in rintre ! »

L'inverse est valable.

Lorsque je veux parler latin, je commence par penser en patois, et ensuite je traduis la version patoise en version latine.

Exemple :

Je prends une phrase sublime que vous connaissez sûrement : « T'in fais eun tiete ! In dirot eun carot' qu'a trimpé tro jours d'in ch'bouillon ! »

Eh bien, en latin, ça donne : *« Quam faciem demonstras... sic carota appares... qui in ista supa* (la soupe)... *tres diebus* (trois jours)... *mollivit* (s'est ramolli) *! »*

Moi, je préfère : « T'in fait eun tiete... In dirot eun carotte qu'a trimpé tro jours d'in ch'bouillon ! »

Ou encore : « In dirot in p'tit pain qu'a perdu sin pâté ! »

Tout n'est pas traduisible... Attention !

J'ai quelques papiers que m'ont passés quelques copains...
Ils m'ont dit : « Dis-leur ça !... Ils comprendront ! »
(Sortant les papiers de sa poche et les lisant :)
« T'iros ti ?... Mi j'iros ! » (Je ne sais pas ce que cela veut dire !)
Et là ?... *(Prenant un autre papier.)* Ce doit être la suite... « Il iro li... cha fait qu'in iro tous les tro... »
Alors là, ch'est trop !
Mesdames et messieurs, si vous voulez, nous allons chanter ensemble *Le P'tit Quinquin*, qui est notre *Marseillaise* à nous !
Parce que *La Marseillaise* est de Rouget de Lisle qui n'était même pas de Lille... Il était de Lons-le-Saulnier... C'était un gars de la région étrangère !
Je vais faire en même temps les gestes, si vous le permettez...
Ce n'est pas pour les malentendants, c'est pour les malembouchés !
Moi, quand je chante, on me dit :
« Quelle voix avez-vous ?
– J'ai la voix du Nord !
– Où as-tu vu ch'ti ?
– Bin, d'in l'journal ! »
Nous allons donc chanter ensemble *Le P'tit Quinquin* :
« Dors, min p'tit quinquin / Min p'tit pouchin... »

Langage articulé

Messieurs, quand on parle comme moi, on articule... on fait jouer ses mandibules, on mandibule !
Monsieur Bougeotte, quand on parle par gestes, on fait bouger ses membres ! On gesticule !
Monsieur Nasillard, quand on parle du nez, on fait marcher ses narines ; on narinule ! Narinulez que diable !
Monsieur Bedaine, même chose quand on parle du ventre... on fait marcher ses abdominaux. On ventriloque ! On ne ventricule pas ! C'est monsieur Ventricule qui devrait ventriculer, puisqu'il emploie le langage du cœur !
Mais, au lieu de faire marcher ses ventricules, il ventripote ! Il se croit le nombril du monde ; il centripète ! Au lieu de centrifuger, comme il se doit !
Centrifugez, que diable !
Ce que je dis est valable aussi pour vous, monsieur Dugland !
Ne salivez pas ! Vous salivez, ma parole !
Vous, gesticulez comme monsieur Bougeotte !
Vous, ventriloquez comme monsieur Bedaine !
Quand je vous entends parler de sexe, monsieur Dugland, la moutarde me monte au nez ! Si bien que je n'arrive plus à narinuler, comme monsieur Nasillard !
Mais... *(Constatant :)* ma parole... je salive !

Lapsus linguæ

(L'artiste, éméché :)

Il faut que je fasse attention de ne pas faire ce qu'on appelle un *lapsus linguae* !

Récemment, j'en ai fait un beau. Je sortais de table, je venais de manger des nouilles !

Cela m'arrive !

Pour faire passer ces nouilles, j'avais bu un verre d'eau, pour une fois !

Et je ne sais pas pourquoi, par vantardise peut-être, j'ai éprouvé le besoin d'en faire part !

Seulement, au lieu de dire :

– Je viens de boire un verre d'eau.

La langue m'a fourché, j'ai dit :

– Je viens de boire un verre d'ouille !

J'ai fait un *lapsus linguæ*. Si mon interlocuteur avait eu la présence d'esprit de me faire répéter la phrase :

– Vous avez bu quoi ?

J'eus rectifié :

– J'ai bu de l'eau. Pourquoi ? Qu'est-ce que j'ai dit ?

– Vous avez dit : je viens de boire un verre d'ouille !

Je me serais immédiatement rendu compte de ma bévue.

Ah ! Ah ! Nous en eussions ri !

– Excusez-moi ! J'ai fait un *lapsus linguæ*.

Et l'affaire ne se serait pas ébruitée.

Mais comme mon interlocuteur n'avait pas bu que de l'ouille... que de l'eau... (vous voyez, j'ai failli refaire un *lapsus linguæ*), il a pris ma phrase au pied de la lettre, l'andouille, ce grand niquedouille et... il est allé la colporter :

– Devos a bu un verre d'ouille !

– Un verre de quoi ?

– D'ouille !

Un verre d'eau, ça coule de source... Mais un verre d'ouille, ça dérange, ça choque l'oreille, ça sort de l'ordinaire ! On cherche à en savoir plus, on met de l'huile sur le feu !

– Qu'est-ce que c'est que de l'ouille ?

– Je ne sais pas mais il en a bu un verre !

– Plein ?

– À ras bord et cul sec ! C'est lui-même qui me l'a dit !

Dans les salons :

(Chuchoté.)

– Il a bu de l'ouille !

– Non ?

– Si !

Les choses sont allées s'amplifiant :

– Il a commencé par un petit verre...

– Maintenant, il en est au litre !

– Un litre d'ouille !

– Il la boit à même le goulot !

– Son ouille, il l'a bue pure ou diluée ?

– Il l'a bue… jusqu'à la lie !
– Pouah !
– Il fait des bulles, des bulles d'ouille !
– L'ouille est-elle digeste ? (De la digeste ouille.)
– S'évente-t-elle ? (De l'ouille éventée.)
– Il a bu une bonbonne d'ouille éventée et il a été malade comme un chien !
– Il est dans les vapeurs d'ouille !
– Il se drogouille !
– Quand il est en manque, il bafouille, bredouille des mots sans suite en ouille !
– C'est un ouillomane !

Alors, les quolibets :
– Il est dans les vapeurs d'ouille !
– Alors, ça glandouille ?
– On vadrouille ?
– Dis donc, l'arsouille, quand tu bois de l'ouille, est-ce que cela te chatouille ou bien est-ce que cela te grattouille ?
– Un litre d'ouille… c'est énorme !
Et le flot d'ouille va grossissant, jusqu'à la ville d'Ouille qui a déposé une plainte en diffamation contre moi. Le maire de la ville m'a dit :
– Qu'est-ce qui vous a pris, Devos, de boire de l'ouille avec vos nouilles ? Vous ne pouviez pas boire de l'eau comme tout un chacun ?
J'ai dit :

– Monsieur le maire d'Ouille, c'est ce que j'ai bu ! Mais quand j'ai voulu le faire savoir, la langue m'a fourché et j'ai dit : « J'ai bu un verre d'ouille. » Et on en a fait des gorges chaudes. Jusqu'à la brigade des stupéfiants : « Vous permettez que l'on vous fouille ? Où la cachez-vous, votre ouille ? » Je leur ai dit : « Dans des bouteilles d'eau ! »

Et ils ont bu toute mon eau ! Ils ont été malades comme des bêtes !

Finalement, faute de preuves... ils m'ont laissé en liberté d'expression surveillée ! Mais je ne suis pas tranquille ; je vis dans la hantise du *lapsus linguæ* ! Je ne peux plus me permettre le moindre écart de langage. C'est bien simple, depuis cette histoire, quand je mange des... quand je mâchouille... quand je mâche des nouilles, je ne bois plus d'eau avec... je bois de la vinouille ! Et encore, je la mouille avec... de... l'ou... ou de l'eau !

Non, vous ne me le ferez pas dire !

LE MIME

Le mur du silence (la fin d'un mime)

Je connaissais un mime de génie.

Tous les soirs, sur scène, il construisait un mur devant les spectateurs.

Il mimait tout, la truelle, le mortier…

La pose de la première pierre jusqu'à la dernière pierre sans en omettre aucune !

Il faut dire que c'était interminable.

Le mur enfin achevé, il saluait bien bas.

Ce faisant, il se cognait la tête contre le mur, lequel n'ayant pas eu le temps de sécher, s'effondrait, ensevelissant le mime sous un amas de pierres ! Un vrai gâchis !

Suivait un silence pesant…

Les spectateurs, le premier moment de stupeur passé, se précipitaient sur la scène et, pris par l'ambiance, se mettaient à jouer les sauveteurs, retirant une à une, sans en omettre aucune, les pierres qui recouvraient l'infortuné mime et se les faisant passer de main en main comme on se passe des seaux d'eau pour combattre un incendie.

Celui-ci, enfin dégagé, se relevait, remerciait d'un geste de la main les spectateurs, saluait.

Rideau !

Et le tour était joué.

Et un jour, alors que sous son tas de pierres, le mime attendait qu'on le tirât de là, les spectateurs ne se sont pas dérangés.

Pourquoi ? Mystère du théâtre !

Au lieu de porter secours à l'artiste, ils sont restés assis dans leurs fauteuils, attendant la suite des événements.

Alors, le mime, un instant décontenancé, alla jusqu'au bout de son personnage.

Il mima – et avec quelle conscience professionnelle – son heure dernière !

Après avoir poussé un dernier soupir, étouffé par les gravats, il rendit l'âme.

Le public, restant sur sa faim, il mima tout le reste : l'enterrement, la mise en bière, la levée du corps, le cercueil que l'on hisse sur le corbillard, le convoi qui s'ébranle, la famille qui suit, le chemin parcouru, le tout dans un silence éloquent !

Arrivé devant le mur du cimetière, il commet la faute : au lieu de faire passer le convoi devant le mur, il l'a fait passer derrière !

Erreur funeste !

Alors, évidemment, dans la salle, les gens qui ne voyaient plus rien ont commencé à murmurer :

- On ne voit plus le convoi ! Il n'y a plus que le mur qu'on voit !

- Tu le vois, toi, ce convoi ?

Le premier moment de stupeur passé, les spectateurs, comprenant enfin la situation, se sont précipités sur la scène et se sont mis à retirer les pierres et à les faire passer de main en main, jetant ainsi le mur du cimetière à bas !

Quand ils virent que derrière le mur, il n'y avait rien, ils ont dit :

- Qu'est-ce que ça veut dire ?

- Vous nous avez raconté des histoires.

Le mime a répondu :

- C'est de votre faute aussi. Vous n'avez pas voulu jouer le jeu. Si au lieu de retirer les pierres du cimetière, vous aviez ôté celles qui m'avaient enseveli, je n'aurais pas été obligé de faire le mort, avec tout le cérémonial que cela implique ! Je ne serais pas venu m'enterrer dans ce trou où il n'y a rien !

Les spectateurs, se sentant floués, dupés, firent mine de lui lancer des pierres.

Alors, le mime a fait face.

Avec les pierres qu'on lui lançait et le peu de mortier qui était censé lui rester, il a refait son numéro !

Il a construit un mur entre le public et lui ! Puis, il s'est muré dans son silence !
On a baissé le rideau de fer et les spectateurs sont sortis dans un silence écrasant.
Quant au mime, plus jamais personne n'a entendu parler de lui !

Qu'est-ce qu'il tient ?

Mesdames et messieurs... je vais vous mimer un monsieur qui a soif et qui boit...

Avant, je mimais simplement la bouteille d'une main, de l'autre le verre...
Je remplissais le verre et j'en buvais le contenu. Mais souvent, cela donnait lieu à des interprétations diverses.
Exemple. Un jour, un spectateur vient me voir. Il me dit :
– Hier à la demande de mon petit-fils qui est surdoué, j'ai assisté à votre spectacle avec toute ma famille. Eh bien, monsieur, lorsque vous avez mimé ce que j'ai cru être une bouteille et un verre...
– En effet !
– Eh bien, j'ai trouvé que vous envoyiez un peu loin le bouchon ! Ma fille, elle, qui est pieuse, y a vu un cierge.
– C'est le même moule... Pourtant, quand j'ai fait ça... *(Geste de verser.)*

– Elle a cru que vous ranimiez la flamme à un autre cierge plus petit ! Ma bru, qui est fleur bleue, y a vu un bouquet de roses !
– J'aime mieux ça !... Mais quand j'ai fait ?... *(Geste de verser.)*
– Elle s'est dit : « Il les met dans l'eau, mais les queues sont en l'air... »
– Ça ne l'a pas surprise ?
– Non ! C'est ce qu'elle fait tout le temps !
– !!
– Mon fils, lui, qui ne pense qu'à manger, y a vu un cornet de frites !... Là, j'ai attendu la suite. Et quand vous avez fait ça... *(Geste de verser.)*
J'ai dit :
– Je sais. Il a pensé : « Comme il est à moitié belge, il a dû regarder l'heure à sa montre-bracelet et ses frites, etc. »
– Exactement ! Vous connaissez mon fils ?
– Non, mais je connaissais l'histoire ! Et quand j'ai fait ?... *(Geste de boire.)*
Il me dit :
– Il a pensé : « Comme ses frites sont tombées dans son verre de bière, il les boit... »
– Ah ! Ah, celle-là, je ne la connaissais pas !
– Ma femme, elle, qui n'a aucune imagination, y a vu tout autre chose... je ne sais quel symbole sexuel qu'elle n'a même pas su nommer.

– Oui ! Mais lorsque j'ai fait cela ?... *(Geste de verser.)*

– Elle a dit : « Il doit avoir une défaillance ! » Quant à mon petit-fils qui est surdoué...

– Ah !... Alors ?

– Lui, il n'a rien vu du tout. Il a dit simplement : « Qu'est-ce qu'il tient ? »

– Et quand j'ai fait ça ?... *(Geste de verser.)*

– Il a cru que vous faisiez ça... *(Geste qu'il est bourré.)* Il a dit : « Qu'est-ce qu'il tient comme muflée ! »

Alors, depuis, lorsque je mime un monsieur qui a soif et qui boit... je précise...

Dès que j'ai mimé la bouteille, je montre l'étiquette. Ensuite, je retire le bouchon que je n'envoie pas trop loin. Je remplis le verre, je fais glouglou !

Ensuite, je le déguste... je commente... Il a de la flamme ! Il est divin... Il vous ranime...

(Il s'en verse un verre qu'il boit.)

(La langue pâteuse.) Il a du bouquet ! Il est fleuri... Un bon petit rosé...

(Il boit.)

(La langue pâteuse.) C'est le vin qu'il faut pour accompagner... un cornet de... moules... *(Précisant :)* frites, hein ! Pas crues !

(Il finit son verre.)

Il a du corps. Il est raide... Tout un symbole !

(Il se tient...)

Tiens ? J'ai l'impression que j'ai comme une petite défaillance...

(L'artiste, visiblement très éméché, regarde sa main droite qui mime la bouteille.)

Qu'est-ce que je tiens ?

(Puis, regardant la gauche qui mime toujours le verre :)

Qu'est-ce que je tiens ? *(En conclusion lumineuse.)* C'est le petit-fils qui avait raison ! Qu'est-ce que je tiens comme muflée !

(Il sort en titubant.)

LA MORALE

Moralité

Pendant des millénaires, on est arrivé à faire se redresser l'homme... à coups de moralité...
Et aujourd'hui où l'homme se tient à peu près debout sur ses deux pattes arrière, on voudrait lui retirer son sens moral !
Mais, au moindre relâchement, il va s'affaisser physiquement. Il va se remettre dans sa position première.
Déjà que le haut du corps a tendance à rejoindre le bas !
Rien que pour se tenir debout sur ses deux pattes arrière et marcher... il faut une force morale !
Une petite distraction morale... hop ! Le haut du corps s'abaisse.
C'est le primitif qui reprend le dessus sur ses deux pattes avant !
Moi, je n'en ai jamais parlé à personne – parce qu'on ne se vante pas de ces choses-là ! –, mais l'absence de moralité a sur mon physique des répercussions désastreuses !
Je me mets à quatre pattes... dites donc ! Carrément ! Ah, mais carrément !

Dès que sur le plan de la morale je suis en manque, hop ! À quatre pattes, comme une bête !
Bon, quand il m'arrive de manquer de moralité chez moi… ce n'est pas grave… je me cache !
Mais quand ça me prend à l'extérieur, dans un salon… je me retrouve à quatre pattes sur le tapis… je rugis ! Heureusement, les gens croient que je plaisante, que je fais un numéro de cirque. Ils applaudissent ! Moi, je salue et je sors sur une cabriole !
Dans la rue… je fais semblant de chercher quelque chose… mon bouton de manchette en os, mon nonos ! J'attends la nuit pour rentrer. La nuit, tous les chats sont gris.

Heureusement que ma femme me soutient moralement dans cette épreuve ! On en parle dans mes moments de lucidité. Alors, pour pallier à toute éventualité, on a préparé une cage avec des barreaux, fermée par une trappe.
Alors, le soir, quand je rentre à quatre pattes, ma femme qui m'attend derrière la porte m'entend monter les marches quatre à quatre…
Elle prépare la cage, elle la plaque contre la porte d'entrée, comme une souricière.
Elle ouvre la trappe aussitôt que s'ouvre la porte… Hop ! À la trappe ! Directement dans la cage ! On boucle et le tour est joué !
Aux voisins surpris d'entendre mes rugissements, ma femme répond : « Tant qu'il n'a pas pris son café, il n'est plus le même homme ! »

C'est elle qui m'alimente. Elle pique au bout d'une fourchette des morceaux de nourriture terrestre et elle me les passe entre les barreaux !

Puis, elle me fait la morale !

Au bout de dix leçons, en général, je sens le repentir apparaître. Dès que je réclame la Bible, c'est qu'il y a du mieux ! Dès que j'entonne les psaumes, je suis en bonne voie de guérison.

Je me remets très vite sur mes deux pieds.

On ouvre la trappe et je repars bon pied bon œil !

Et je vaque à nouveau... Je peux aller et venir... Je ne suis plus dangereux !

Je donne le bon exemple... Je prêche la bonne parole : heureux les simples en esprit !

Et puis, quand je tombe sur un esprit fort, un mécréant, un suppôt de Satan, moralement mieux armé que moi, je retombe à quatre pattes !

Je dois dire que, à la moindre disgrâce, dès que je me sens attiré vers le bas, je m'enferme volontairement. Je rentre en cage pour un petit séminaire.

Là, j'en sors ! Je suis regonflé moralement !

Alors, me direz-vous, quelle est la moralité de cette histoire sur la morale ?

La voici : si vous ne voulez pas vous retrouver en cage, gardez le soutien de la morale ! Sans ça, vous vous retrouverez très vite à quatre pattes et, ce qui est plus grave, vous finirez par y prendre du plaisir !

Tous ceux qui, parmi vous, marchent de temps en temps à quatre pattes, me comprendront !...
Oui ! Je vois que tout le monde me comprend !

Le tour du propriétaire

Mon voisin, c'est un homme de biens.
Il est fier de ce qu'il possède.
Un jour, il m'invite chez lui :
– Venez faire avec moi le tour du propriétaire... Le propriétaire, c'est moi. Le terrain, là, il est à moi. L'étang, il est à moi. Les poissons qui y nagent, ils sont à moi... du moins les plus gros. Le petit pont ? Il est à moi. Cet arbre-là, il est à moi. La haie, à moi. Cette maison m'appartient... Les fenêtres, les portes, toutes les ouvertures sont à moi... les fermetures aussi ! Les volets sont à moi... Maintenant, faisons le tour intérieur du propriétaire. L'entrée est à moi. Le paillasson sur lequel je vous demanderai de vous essuyer les pieds est à moi. (Effectivement, il y avait ses initiales. Je dois dire que je m'y suis un peu attardé.) Ces meubles sont à moi. Ces placards sont à moi. Toutes ces robes-là sont à ma femme... mais ma femme est à moi. Le gosse là... est à moi ! Le paysage que vous découvrez derrière cette fenêtre est à moi. La cabane, au fond du jardin, à moi ! Le mur mitoyen, là, il est à moi. La maison qui est à côté...

– La mienne ?

– Oui ! Elle est à moi !

– Ah, c'est vous, le propriétaire ?

– C'est moi !

– Si vous voulez entrer un instant, vous êtes ici chez vous.

– Je sais… Le terrain, il est à moi… L'étang, il est à moi…

– Les poissons qui y nagent, ils sont à…

À ce moment-là, mon chien se jette sur lui. Il me crie :

– Dites donc, votre chien, il m'a mordu !

J'ai dit :

– Ce n'est pas mon chien. Mon chien, il est à vous !

Tous les péchés du monde

Je suis pauvre de tous les péchés du monde. Les péchés, je les ai tous.

Vous me direz : cela ne se voit pas !

Parce que, grâce au péché d'hypocrisie, soutenu par celui du mensonge, je dissimule tous les autres. N'empêche qu'ils sont là, bien présents !

S'il fallait que je les confesse, il faudrait mobiliser, que dis-je, immobiliser un confessionnal pendant un mois… Et plusieurs prêtres qui se relaieraient…

Quant aux pénitences, je serais condamné aux *Pater* et aux *Ave* à perpette !

Je remercie le ciel de m'avoir donné tous les péchés du monde. Cela me permet de ne pas les envier chez les autres. Cela m'autorise aussi d'être tolérant… Pas tolérant dans le sens qualité… mais tolérant dans la pire acception du mot, c'est-à-dire tout admettre, c'est-à-dire laxiste.

Vous me direz : comment en êtes-vous arrivé là ?

Simple ! Comme tous ceux qui prennent à leur compte toute la misère du monde, j'ai voulu me charger de tous les péchés de la Terre. J'ai voulu me charger des péchés de monsieur Tout-le-monde. Par bonté d'âme ? Non point, par solidarité ! Je ne voulais pas être meilleur qu'un autre. Rien que la pensée que l'on pourrait dire de moi : « C'est un homme bon » me met hors de moi. Non mais ! Vous ne m'avez pas bien regardé ?

J'aurais pu tomber sur un monsieur Tout-le-monde moyen… un humble pécheur…

Pensez-vous ! Je suis tombé sur un monsieur Tout-le-monde pire que les autres.

C'est bien simple. Quand, à ma demande, il m'a refilé ses péchés, j'en avais plein les bras ! Il y en avait tellement ! J'ai dû prendre un porteur. Quand le porteur a déposé tous les péchés de monsieur Tout-le-monde à mes pieds, je me suis aperçu qu'il y avait joint les siens !

Quand j'ai vu ça... Je ne lui ai pas donné de pourboire.
Il m'a traité de pingre et autres péchés.
Moi, je ne pouvais pas lui faire de reproches, puisque tous ses péchés, il avait eu la bonté de me les confier...
Je l'ai donc remercié en lui faisant promettre toutefois de ne plus pécher à l'avenir.
Mais quoi, me direz-vous, pas la moindre vertu ?
Si ! Parfois, entre deux péchés, une pause... un moment béat... l'extase !
Quant aux pénitences, il est clair que je ne m'en acquitterai pas !
Je laisserai s'accumuler ces impayés comme les contraventions !

PERSONNEL

Qui se cache sous le nom de Devos ?

Mesdames et messieurs, j'ai une importante révélation à vous faire.

Devos, ce n'est pas moi ! Il faut tout de même que je vous le dise avant que cela ne s'apprenne par la presse !

Moi… je suis le Devos que le public connaît ! Devos, l'affiche !

Mais Devos, le vrai, personne ne l'a jamais vu !

Même le public ne sait pas qui il est !

Alors, qui se cache sous le nom de Devos ?

Bien que l'on n'ait jamais rencontré l'artiste, il m'écrit.

Il m'écrit régulièrement.

Il m'envoie des monologues que je dis, moi !

C'est pourquoi on m'appelle Devos !

Mais Raymond Devos, ce n'est pas moi !

Eh oui ! Moi, je dis du Devos !

Mais Devos, le vrai, celui qui fait du Devos, personne ne l'a jamais rencontré !

Même ses admiratrices ne le connaissent pas !

Elles ne savent pas de quoi il a l'air ni à quoi il ressemble !

Pourtant, bien que ne l'ayant jamais rencontré, elles savent bien que Devos existe !

Puisqu'elles m'écrivent !

Elles m'écrivent régulièrement !

Elles me demandent des nouvelles de Devos !

Mais Devos, ce n'est pas moi ! Moi, je dis du Devos !

Mais le vrai, elles ne l'ont jamais vu !

Elles ne savent pas qui il est !

Alors, qui se cache sous le nom de Devos ?

Même ses amis ne le connaissent pas. Ils ne savent pas de quoi il a l'air.

Leur ressemble-t-il seulement ?

Pourtant, ils savent qu'il existe puisqu'ils m'écrivent. Ils m'écrivent régulièrement.

À propos des monologues que je dis, ils me disent que je fais du Devos, ils me prennent pour lui !

Mais Devos, ce n'est pas moi ! Eh oui, il faut tout de même qu'ils le sachent ! Moi, je dis du Devos !

Mais Devos, le vrai, ses amis ne l'ont jamais vu !

Ils ne savent pas qui il est !

Alors, qui se cache sous le nom de Devos ?

Moi-même, je ne le connais pas !

Je ne sais pas de quoi il a l'air.

Me ressemble-t-il seulement ?

Pourtant, je sais qu'il existe, puisque je lui écris régulièrement.

Je lui envoie des monologues qu'il signe de son nom...
Devos !
Et il me les envoie pour que je les dise !
Parce qu'il faut tout de même que je vous précise que ce Devos, il se prend pour moi !
Comme les monologues que je reçois signés de son nom, c'est moi qui les ai écrits, je les dis sous le sien... Devos !
D'où la confusion !
Eh oui, Devos, ce n'est pas moi !
Moi, je dis du Devos !
Mais Devos, le vrai, personne ne l'a jamais rencontré !
On ne sait pas qui il est.
Lui-même, le sait-il ?
Pourtant, il existe...
Mais... qui se cache sous son nom ?

Les Raymond

J'aime bien mon prénom, Raymond...
Cela sonne bien, Raymond !
Dans Raymond, il y a aimons et re-aimons, Raymond nous les uns les autres !
Salut, Raymond !
Bonjour, Raymond !
Bonsoir, Raymond !

Quand personne ne m'a appelé par mon prénom pendant un certain temps, je suis frustré.

Je me surprends à dire à haute voix :

– Qui est-ce qui a appelé Raymond ?

L'entourage :

– Personne !

– Si ! J'ai entendu que l'on appelait Raymond !

– Ah ? Tu as appelé Raymond, toi ?

– Non ! Je n'ai pas appelé Raymond !

Cela fait trois Raymond, même plus ! Si j'insiste :

– Pourquoi personne n'a-t-il appelé Raymond ? Vous savez bien que lorsqu'on fait appel à Raymond, Raymond répond toujours... etc. On ne fait pas appel vainement à Raymond...

Attention ! J'aime aussi les autres Raymond... comme moi-même.

Parfois, je leur téléphone :

– Allô, Raymond ?... C'est Raymond !

– Ah, comment vas-tu, Raymond ?

Cela double le plaisir.

– Bonjour, monsieur Devos !

– Appelez-moi Raymond !

– Salut, Raymond !

Parfois les gens, au lieu de m'appeler Devos, ils m'appellent Bedos.

Ce n'est pas le fait qu'ils m'appellent Bedos qui me dérange... C'est que... C'est ce que je ne peux pas dire :

– Appelez-moi par mon prénom !
Parce que, aussitôt, ils m'appellent Guy !
Je n'ai rien contre Guy, mais Guy, c'est tout de même moins gai que Raymond !

POCHADES

La fin des haricots

Dans la rue, je rencontre un monsieur qui, assis sur le trottoir, versait toutes les larmes de son corps. Je lui dis :

– Pourquoi pleurez-vous ?

– Parce que c'est la fin...

– La fin de quoi ?

– La fin des haricots ! Jamais plus nous ne mangerons de haricots !

– Qui vous a dit cela ?

– Tenez, regardez ! (Il me montre sa gamelle.) Quand je suis parti de chez moi, tout à l'heure, elle était pleine à ras bord... Il n'y en a plus un !

– Où sont-ils passés ?

– Dans mon gros ventre, monsieur !

– Pourquoi avoir tout mangé ?

– La faim, monsieur !

– Quelle faim ?

– La faim des haricots !

– S'il n'y a plus de haricots, remplacez-les par des petits pois...

– Ce n'est pas pareil, monsieur.
– Pourquoi ?
– Parce que les petits pois sont verts alors que les haricots sont rouges.
– Il y a aussi des haricots verts.
– Je sais, mais quand on me dit : c'est la fin des haricots, on englobe les haricots de toutes les couleurs... les rouges, les verts et les blancs.
– Qui vous a dit que c'était la fin des haricots ?
– L'épicier !
– Il disait cela à propos des haricots ?
– Non ! À propos des lentilles !

– Pourquoi ne disait-il pas tout bonnement : c'est la fin des lentilles ?
– Parce que c'est la fin des haricots, pas des lentilles !
– Est-ce que vous avez déjà entendu dire que c'était la fin des petits pois ?
– Non, jamais... je l'avoue.
– Savez-vous pourquoi ?
– Non !
– Parce que même cassés, les petits pois se vendent !

La langue dans sa poche

J'ai connu un artiste, il était devenu mime parce qu'il avait un défaut de prononciation... Il chuintait.

Au lieu de dire : « Bonsoir », il disait : « Bonchoir » !

Il mimait une expression… Il faut le faire !

Il mimait l'expression : ne pas avoir la langue dans sa poche… Sans doute par défi !

Après avoir retourné ses poches pour prouver qu'elle ne s'y trouvait pas, il se proposait de l'y mettre, en mime, naturellement !

Puis, il ouvrait la bouche pour montrer qu'elle – la langue – y était toujours.

Après avoir tiré la langue qu'il avait fort longue, il l'attrapait comme un serpent.

Petit détail amusant : comme il avait un poil dans la main, ça lui faisait comme un cheveu sur la langue…

Il avait le geste qui zézayait. Il faisait un « zeste », comme il disait, le « zeste » de mettre sa langue dans sa poche.

Et un jour, alors qu'il venait de glisser sa langue dans sa poche avec son mouchoir par-dessus, son visage changea d'expression. Il resta bouche bée…

Les gens ont cru qu'il avait un trou de mémoire. Pas du tout !

Il avait un trou dans la poche et sa langue s'était fait la paire. Elle avait glissé sur le parquet ciré comme un savon sur le carrelage.

Après avoir essayé de l'attraper, mais à chaque fois la langue glissait plus loin, il se mit à jouer avec elle comme avec une souris.

Il aurait bien voulu donner une explication mais il ne trouvait pas le mot. En fait, il l'avait sur le bout de la langue. Mais comme sa langue était au bout de la pièce, il a mis sa poche dans sa bouche, il a glissé sa main dedans et il est sorti en sifflotant !

La mue

Il m'est arrivé récemment une chose étrange…
Un matin, je me réveille…
Je parlais comme ça… *(Avec une toute petite voix.)*
J'avais une toute petite voix.

Je me dis : « Ça y est, je mue ! »
Quand même, j'ai dépassé l'âge !
Aussitôt, j'appelle le Samu :
– Allô, le Samu ? Je mue…
– Et alors, me répond-on, tout le monde mue, madame !
Je déteste que l'on me prenne pour une dame.
(D'une toute petite voix.)
– Je vous passe mon mari !
(Il change le timbre de sa voix et fait mine de reprendre le combiné.)
– Allô, le Samu ? Ici, le mari !… Oui, ma femme mue !
– !!
– Pardon ?… Si c'est la première fois ?
(Il fait mine de boucher le micro du téléphone et de s'adresser à quelqu'un.)

– Il demande si c'est la première fois ?

– Oui, c'est la première fois !

– Allô, le Samu ? Oui, c'est la première fois !

– !!

– Attendez, je vous la passe ! *(Changement de main et de voix.)* Allô, le Samu ? Oui, ici madame Mue ! Comment ma mue m'est-elle venue ? En me rasant !... Enfin, je veux dire... Attendez, je vous passe mon mari ! *(Le mari fait le geste de reprendre le téléphone.)* Allô, le Samu ? Ma femme a fait un lapsus. Elle voulait dire en chantant ! Oui, elle chante ! Et c'est précisément en poussant un contre-ut... Le ut est resté perché... Attendez, je vous la repasse. *(Même jeu.)*

– Allô, ici le Samu ! Voilà ce que je préconise : interdiction de chanter pendant huit jours ! Plus une note, vous entendez !

(Petite voix :)

– D'accord ! Mais ce sera dur... pour mon mari !

Et je raccroche !

Évidemment, je me suis abstenu de chanter pendant huit jours. Comme le neuvième j'avais toujours ma petite voix, j'ai rappelé le Samu :

(Petite voix :)

– Allô, le Samu ? Je mue toujours...

– Ah, c'est madame Mue ?

– Non, c'est monsieur !

– Tiens ? Vous avez la même voix…

– Forcément, elle m'a refilé la sienne…

– Ah ! Elle ne mue plus ?

– Non ! Elle a complètement cessé de muer du jour au lendemain.

– Elle vous a passé sa mue, à ce que j'entends ?

– Non, c'est moi qui l'ai reprise.

– C'est la première fois que vous muez ?

– Non ! J'ai déjà mué…

– Et vous re-muez ?

– Oui, je re-mue !

– Eh bien, monsieur, ne cherchez pas ! Vous êtes tout simplement en train de muer et de changer de genre… Voilà ! Au revoir, madame !

À peine raccroché, les coups de téléphone, sans arrêt !

– Allô ! Où en est ta mue ?

– Stationnaire !

À peine raccroché, dring !

– Allô ! Est-ce que ta mue est remboursée par la Sécu ?

À peine raccroché, dring !

– Allô ! Comment va ta mue ? Elle s'aggrave ? Ah, alors, ça va mieux !

Dring ! Alors, j'en ai eu marre. J'ai mis ma mue sur répondeur.

Dring !

– Comment va ta mue ?

Raymond Devos joue du tambour (photo Raymond Bounon).

C'est la voix du répondeur qui dit :
– Jugez vous-même !

Le piège à rats

Je tiens à rappeler tout d'abord, pour la bonne compréhension de ce qui va suivre, que ce que l'on appelle un « ra », c'est un coup de baguette frappé sur un tambour. C'est-à-dire que chaque fois que sur la peau de cet instrument je frappe un coup, je fais ce qu'on appelle un « ra ». C'est comme ça ! C'est admis. Ça ne se discute pas !

On dit à un tambour : faites-moi un « ra » ! Comme on dit à un pianiste : donnez-moi un « la » !
Deux coups, c'est un « ra » de deux. Comme en danse, on dit un pas de deux !
Ensuite, viennent les « ra » de trois, les « ra » de cinq, les « ra » de neuf, etc.
Et on en arrive au « roulement ».
Alors là, les « ra », on les compte par milliers !
Or, un jour... alors que j'étais occupé à battre tambour, je fais un « ra » de trois, j'entends quatre « ra ! ra ! ra ! ra ! », comme dans la *Cinquième* de Beethoven.
Tiens ! me dis-je, j'ai dû mal compter !
Je refais mon « ra » de trois... Quatre !
Manifestement, il y avait un « ra » de trop !

Je refais mon « ra » de trois au ralenti et l'oreille au guet :

Ra !... Ra !... Ra !... Ra !

Le coup venait de l'intérieur. Sans conteste !

Intrigué à l'extrême, du bout de ma baguette, je crève la peau du tambour et... un rat en sort !

En tout cas, il en avait tout l'air. Il était fait comme un rat.

Avec une face de rat, une queue de rat, tout rat, quoi !

À un poil près...

Le quatrième « ra », c'était lui !

À peine remis de mon étonnement, je lui dis :

– Qu'est-ce que tu faisais là-dedans, hein ?

À sa façon de me regarder sans rien dire, je compris qu'il était devenu complètement sourd ! Dommage !

Il aurait pu me dire comment il s'y était pris pour entrer dans ce piège à « ra » qu'est, de toute évidence, un tambour !

LA POLITIQUE

Brandir un drapeau

Il y a quelque temps… je ne sais pas ce qui m'a pris, j'ai brandi un drapeau !

Sans raison !

J'ai eu tout à coup envie de brandir quelque chose !

Cela aurait pu être un gourdin ou un objet quelconque.

Un drapeau se trouvait là. Je m'en suis emparé, je l'ai brandi.

Eh bien, mon vieux, j'ai éprouvé un sentiment d'exaltation !

Ça m'a exalté, dis donc !

Moi qui étais dans un état dépressif, le fait de brandir ce drapeau, ça m'a exalté !

Aurais-je ressenti la même exaltation en brandissant un gourdin ou plus simplement en brandissant mon poing ?

On ne sait plus ce que c'est que de brandir un drapeau !

On devrait ressortir tous les vieux drapeaux et les brandir, comme ça, pour la beauté du geste !

Ça exalterait les gens sans risque !

Avant, c'était dangereux de brandir un drapeau. Il y a des gens qui fonçaient, tête baissée !

Aujourd'hui, c'est sans conséquence. Les gens disent simplement :

– C'est un fou !

Moi, quand j'ai brandi mon drapeau, les gens ont dit :

– C'est un exalté !

Le drame, c'est que l'on m'a vu brandir ce drapeau !

Parce que brandir un drapeau, c'est bien mais... il ne faut pas le brandir n'importe où et n'importe comment !

Bonaparte, sur le pont d'Arcole, ça se justifiait ! C'est que, pour franchir un pont sous la mitraille, si on ne s'exalte pas un peu... on ne traverse pas !

Tandis que moi, quand j'ai brandi ce drapeau, j'étais en pleine santé, je faisais feu des quatre fers !

Alors, les gens :

– Qu'est-ce qu'il a à brandir ce drapeau ? Il ne peut pas le mettre à la fenêtre comme tout le monde ? Ce n'est plus de son âge ! Il est en retard de plusieurs guerres !

Qu'est-ce que l'on n'a pas dit !

Que ça datait !

Que ça faisait vieux jeu !

Que j'avais des revendications territoriales !

Ils peuvent bien dire ce qu'ils veulent, ils ne m'empêcheront pas de brandir un drapeau quand j'en ai envie !

Essayez, vous allez voir !

C'est bien simple !

C'est comme si vous chantiez *La Marseillaise* !

Moi, depuis que j'ai brandi ce drapeau... j'ai compris que rien ne serait plus comme avant !
C'est vrai d'ailleurs, c'est pire !

Les côtés politiques

Il y en a qui trouvent les côtés politiques en France compliqués, embrouillés. La situation est pourtant claire, facile à comprendre. Elle est carrée ! Il y a quatre côtés.
D'un côté, il y a les partis côte à côte, qui ne s'entendent pas entre eux.
De l'autre côté, il y a les autres partis, qui ne s'entendent pas entre eux et... qui se tiennent côte à côte. Ce n'est pas coton à comprendre. De plus, de chaque côté, il y a ceux qui ont la cote, c'est-à-dire les cotés !
Il y a les cotés d'un côté et les cotés de l'autre !
Il y a les non-cotés, ceux qui n'ont pas de cote.
Il arrive qu'un de ceux qui n'ont pas de cote fricote avec un non-coté de l'autre côté !
En général, ceux qui fricotent sont mal cotés. Ils sont boycottés des deux côtés !
Il y a les à-côtés. Il y a les à-côtés d'un côté et les à-côtés de l'autre !
Et les pas cotés ! Les pas cotés restent sur le bas-côté, alors que la cote des cotés monte, ce qui inquiète ceux

qui, de l'autre côté, sont les plus cotés ; ils craignent pour leur propre cote. Souvent, les cotés d'un côté asticotent ceux de l'autre côté !

De même que, lorsque d'un côté, l'un des cotés, c'est-à-dire l'un de ceux qui ont la cote, ne l'a plus, les cotés de l'autre côté se réjouissent !

Lorsque l'un des cotés n'est plus d'accord avec ceux qui sont de son côté, il doit changer de côté !

À condition que ceux qui sont de l'autre côté l'acceptent à leur côté !

Il ne faut pas s'emberlificoter, hein !

D'un autre côté, il y a le peuple qui, lui, se tient les côtes !

Ça fait trois côtés.

Quant au quatrième côté, c'est le côté absurde !

Et c'est sur lui que reposent les trois autres !

La langue de bois

Mon fils me donne du souci. Depuis quelque temps, il refusait toute nourriture. J'avais beau lui mettre n'importe quoi dans son assiette, il n'y touchait pas. J'étais obligé de le donner au chat et au chien. Un jour, je lui dis :

– Mais à la fin, qu'est-ce que tu veux manger ?

Il me dit :

– De la langue de bois !
– De la langue de bois ?
J'ai tout de suite compris que mon fils prenait la langue de bois pour une denrée comestible, alors que la langue de bois, comme chacun sait (sauf mon fils), c'est une langue tout juste bonne pour alimenter la conversation.
Je dis à mon fils :
– Mais la langue de bois, c'est immangeable !
– Je m'en fous, je la mangerai quand même !
– Prends plutôt de la langue de bœuf !
– Je n'aime pas le bœuf !
– De la langue de mouton ?
– Je n'aime pas le mouton ! Je n'aime que le bois ! Le bœuf, il est mort ! Le mouton, il est mort ! Tandis que le bois, lui, il est vivant !
– Il est vivant, il est vivant peut-être, mais il est filandreux ! Même le chat et le chien n'en voudraient pas !
– Je m'en fous ! Je veux de la langue de bois !
Il en avait plein la bouche de sa langue de bois ! Il n'en démordait pas ! J'ai dit :
– Bon, tu vas l'avoir, ta langue de bois !
Je prends mon filet à provisions et je me rends chez le marchand de bois…
– Je voudrais une langue de bois, s'il vous plaît, bien tendre… et sans nœuds… si c'est possible. Ce n'est pas pour moi, c'est pour mon fils !

Il me dit :

– Oui, monsieur ! Dans quel bois ?

– Comment... quel bois ?

– Oui ! Du bois de bœuf, du bois de mouton ou du bois de veau ?

Je lui dis :

– Non ! Mon fils ne mange pas de ce bois-là !

– Alors, du bois dont on fait les chevaux ?

– Quels chevaux ?

– Les chevaux de bois !

– C'est ça ! Donnez-m'en une langue !

Il me dit :

– Ah non ! Il faut prendre le cheval entier, selle comprise... je ne fais pas de quartier !

J'ai dit :

– Bon, d'accord ! Je prends le cheval.

– Enveloppé, c'est pesé ! Le cheval, je vous l'emballe ?

– Non, non ! Mettez-le dans le filet à provisions...

– Tenez ! Je vous mets quelques copeaux pour le chien.

– J'ai un chat aussi...

– Alors, un peu de sciure pour le chat...

– Vous êtes gentil... Combien je vous dois ?

Je paye... par chèque... Je prends mon cheval et je rentre à la maison.

Quand mon fils a découvert le cheval de bois dans son assiette, il a bien mangé la langue mais il n'a pas touché au cheval ! Le plus surprenant, c'est que mon fils qui répétait toujours : « Le bois, c'est vivant. Le bois, c'est vivant ! », les restes du cheval, savez-vous ce qu'il en a fait ? Du bois mort !

Mais attendez…

Ce matin, je reçois un coup de fil du marchand de bois :

– Dites donc, le chèque que vous m'avez remis… il est en bois !

Préhistoire de rire

Un soir, c'était l'heure du « Bébête show », j'allume ma télé…

Et je vois une grenouille… une grenouille qui voulait se faire aussi grosse que le « beauf ».

À ce moment-là, le téléphone sonne. Je décroche.

– Allô ! Ici, les chefs-d'œuvre en péril. Je vous passe le ministre de la Culture. Allô, Devos ? Ici, Jack Lang !

– Monsieur le ministre !

Il me dit :

– Je ne vous dérange pas ?

– Non, non ! Je suis en train de regarder sur le petit écran le « Bébête show ».

– Ah, me dit-il, vous savez que j'en suis une…

– Une quoi ?

– Une bébête !

– Je sais.

Il me dit :

– Mais vous-même, il y a quelque temps, je vous ai vu dans une émission où il n'y avait que les bêtes qui avaient la parole. Vous faisiez l'âne.

– Oui ! Je n'étais pas bien dans ma peau.

– Mais pourquoi faisiez-vous l'âne ?

– Pour avoir du son mais le son était mauvais.

– Je vous ai vu aussi dans une émission plus récente intitulée « Qui sont les vrais, qui sont les faux ? » et vous n'aviez pas l'air vrai... Voilà ! On vous considère comme faisant partie du patrimoine culturel au même titre que Lascaux, la grotte de Lascaux...

– Qu'ai-je à voir avec la grotte de Lascaux ?

– Il y a des similitudes... On a décelé chez vous des boursouflures, des craquelures, des fissures... Vos rondes-bosses s'affaissent et il paraît que vos bas-reliefs sont à peine visibles à l'œil nu.

– Écoutez ! Moi, je n'ai rien remarqué. Je ne m'intéresse pas à la préhistoire.

– Alors, on va faire pour vous ce que l'on a fait pour Lascaux. Afin de sauver tous les dessins paléolithiques qui sont dans la grotte, on les a reproduits sur les parois d'une fausse grotte et on a interdit la vraie grotte au public. De la même façon, on va vous interdire au public.

– Mais j'ai signé des contrats... Qui va les honorer ?
– Vous n'aurez qu'à renvoyer les spectateurs à vos cassettes.
Je dis à Jack Lang :
– Mais comment ai-je pu me dégrader de la sorte aussi rapidement ?
– Mais tous les hommes publics se dégradent rapidement. Particulièrement les hommes politiques. Regardez... Moi, je n'ai pas échappé à l'érosion du pouvoir.
– Oui ! Mais vous, ainsi que vos collègues, on continue de vous voir sur le devant de la scène. On ne vous interdit pas au public pour autant !
– Vous êtes naïf ou quoi ? Ceux que vous voyez, ce sont des faux !
– Où sont les vrais ?
– Dans le « Bébête show » !
– Comment distinguer les vrais des faux ?
– Ceux qui parlent faux, ce sont les vrais ! Et ceux qui parlent vrai, ce sont les faux !
– Alors, tous ces faux-jetons, tous ces faux culs...
– Ce sont les vrais !
Et tout à coup, qui je vois apparaître dans le « Bébête show » ? Je lui dis :
– Écoutez, monsieur le ministre, tandis que vous me parlez, je vous vois en direct sur le petit écran ! Alors là, je ne comprends plus. De vous deux, qui est le vrai ? Qui est le faux ?

Il me dit :

– Le vrai Jack Lang, c'est celui qui fait la chèvre. Moi, je ne suis que le bouc émissaire !

– Cela vous rapporte quelque chose ?

– Oh ! Des crottes de bique !

– Est-ce que le faux rencontre parfois le vrai ?

– Oui ! Au bestiaire !... On échange nos vestes... Parce que, souvent, on croit que l'homme politique retourne sa veste. C'est faux ! Il la refile à sa doublure.

– Vous, en tant que bouc émissaire, vous êtes nourri, logé, blanchi ?

Il me dit :

– Nourri, logé... non ! Mais blanchi... oui !

Je lui dis :

– Monsieur le ministre, je vais devoir raccrocher. Ça va être la fin du « Bébête show », je ne voudrais pas manquer cela.

Je raccroche. Et qu'est-ce que je vois sur le petit écran ? Le ministre de la Culture qui donnait des coups de « Lang » à Raymond Barre qui jouait les ours mal léchés !

Visite éclair

Vous savez que le président de la République a visité les prisons ?

On n'a pas parlé de sa première visite et pour cause...
Il est arrivé à l'improviste pour une visite éclair.
Il a inspecté les cellules rapidement, interrogé les prisonniers en vitesse, s'est étonné en passant de leur uniforme.
Il a goûté la soupe en deux coups de cuillère à pot.
Il a trouvé l'ensemble assez repoussant.
Et ce n'est qu'en sortant qu'il s'est aperçu que, au lieu d'une prison, il venait de visiter une caserne !

LE QUOTIDIEN

Météo

Il y a des gens qui rouspètent tout le temps. Mon voisin, lui, c'est à propos de monsieur Météo.
Récemment, je le rencontre sur le palier :
– J'espère qu'il va faire beau aujourd'hui.
Il me dit :
– N'y comptez pas ! Il va faire un temps exécrable. C'est monsieur Météo qui l'a dit !
Il fut un certain temps où, le matin, en tirant les rideaux, on découvrait le temps qu'il faisait.
– Tiens, il fait beau !
Ou bien :
– Il vente !
S'il faisait froid, on disait :
– Brr ! Brr !
S'il pleuvait, on disait :
– Tiens, il pleut !
Ça vous faisait un sujet de conversation.
Aujourd'hui, au lieu d'ouvrir les rideaux, j'ouvre le poste de radio et j'entends monsieur Météo qui annonce avec certitude que le temps sera incertain !

Il se prend pour madame Soleil ce monsieur Météo qui fait la pluie et le beau temps.
Je devrais dire ces messieurs, parce qu'ils sont plusieurs.
Ce n'est jamais le même homme. Il change de tête comme de temps. Il y en a un, rien qu'à sa tête, on devine le temps qu'il va faire. Le commentaire est superflu. Dès qu'il apparaît, avant même qu'il ait dit « Bonsoir », on sait s'il va pleuvoir demain ou s'il fera soleil.
Rien qu'à voir sa tête, on devine le temps qu'il va faire.
Car c'est bien l'impression qu'il nous donne !
Que le temps qu'il va faire, c'est lui qui va le faire ! Comme il l'entend !

Je le vois à sa table de travail, en train de faire le temps, le temps qu'il fera, en train de faire l'important !
– Voyons ! Quel temps vais-je faire aujourd'hui ?
S'il s'est levé du bon pied, il voit le temps d'un bon œil !
Si l'humeur est maussade, le temps l'est aussi !
S'il n'est pas fixé sur le temps qu'il doit faire, alors, il fait n'importe quel temps.
Un temps arbitraire, parfois hors de saison.
Il y a un des présentateurs qui est lunatique. Quand il est maussade, le temps l'est aussi !
Il a une tête en forme de baromètre.
Il y en a un autre, je n'aime pas sa façon d'annoncer le temps qu'il va faire.
Quand il annonce une tempête, on dirait qu'il est content !

Une bourrasque, c'est tout juste s'il ne jubile pas !
Et dès que le temps se radoucit, il fait la gueule !
De temps en temps, vous avez un monsieur Météo qui vous dit :
– Boh ! Demain, il fera beau !
Comme l'on dit :
– Demain, il fera jour.
Presque en s'en foutant !
D'ailleurs, il s'en fout !
Pour peu que monsieur Météo soit breton, il place les macarons « Soleil » sur la Bretagne et te refile les pluies sur le Midi et les éclaircies dans le Nord parce que son père y réside ! C'est du séparatisme à peine voilé.
S'ils se trompent, c'est que le vent a tourné.
De toute façon, ils sont inattaquables... ils sont toujours sous abris ! Ils sont couverts !

LA RELIGION

Les anges gardiens

Mesdames et messieurs, je vais vous faire une confidence.
Ce que je vais vous confier, je ne l'ai jamais dit à personne, parce que… je ne voudrais pas que cela s'ébruite.
Mais vous savez que nous avons tous un ange gardien…
Eh bien, moi, j'en ai eu deux !
J'ai eu deux anges gardiens, des anges jumeaux…
Pourquoi je vous le dis aujourd'hui ?
Parce que je n'en peux plus de garder cela pour moi.
Avoir un ange gardien sur le dos, c'est déjà lourd à porter. Mais deux, c'est insoutenable !
De plus, bien qu'ils fussent invisibles, ils étaient voyants.
J'en ai eu la révélation le jour où je traversai la rue sans regarder ni à droite ni à gauche.
Alors que, selon toute probabilité, j'allais passer sous une voiture, je me sentis tiré violemment en arrière et ramené sur le trottoir que je venais de quitter…
Comme je m'apprêtais à remercier les bras secourables qui venaient de me tirer d'un mauvais pas… Personne !
Mais une voix me glisse dans l'oreille gauche :

– Avant de traverser, on regarde si le feu est au vert.

Une autre voix qui me chuchote dans l'oreille droite :

– Il était temps que l'on arrive, hein, mon frère ?

Et la voix de gauche :

– Oui, mon frère !

– Qui êtes-vous, mes frères, dis-je, cherchant à droite et à gauche ?

– Tes anges gardiens ! me fut-il répondu d'une seule voix.

– Merci pour ce que vous venez de faire !

Ils me dirent :

– D'autant que nous n'y sommes pas obligés ! Nous ne sommes pas des gardes du corps mais des anges tutélaires.

C'est comme ça que je sus que, au lieu d'un ange gardien, j'en avais deux !

J'entre dans un café, flanqué de mes deux anges gardiens. Je ne savais pas quoi prendre. Mon ange de droite me souffle à l'oreille :

– Prends un petit coup de blanc !

Va pour un petit coup de blanc !

– À ta santé !

Je me dis : je remettrais bien ça ! L'ange de gauche me souffle :

– Ne reprends pas un blanc. C'est nocif à la longue. Prends plutôt un petit coup de rouge !

Va pour un coup de rouge !

– À ta santé !

Le rouge à peine bu :

– Tiens, me dit l'ange de droite, je t'offre un petit blanc sur le pouce !

Va pour un coup de blanc !

Le blanc bu, l'ange de gauche :

– Et moi, un petit coup de rouge !

Le rouge bu, je leur dis :

– Allez, c'est ma tournée ! Qu'est-ce que je vous offre ?

Ils me dirent en chœur :

– Jamais pendant le service !

Je dis :

– Garçon ! Combien je vous dois ?

– Deux rouges, deux blancs, cela fait tant !

– Ah non ! Moi, je n'ai qu'un rouge et un blanc. Les deux autres, c'est pour les deux autres, ces messieurs !

– Quels messieurs ? Vous êtes tout seul.

– Ha ! Ha !

Le patron :

– Pourquoi riez-vous ?

– Ce n'est pas moi. Ce sont ces messieurs.

Je règle le tout et je dis à mes anges :

– Sortons ! On va régler ça.

C'est dans ces moments-là que je ne regrette pas d'avoir deux anges gardiens pour me soutenir… l'un à hue et l'autre à dia !

En sortant du café, je chantais à trois voix. Un des anges gardiens doublait à la tierce ; l'autre triplait à la sixte.

Ils avaient des voix imprécises, asexuées, des voix d'ange… vous voyez ce que je veux dire…

C'est que les anges, tout gardiens qu'ils sont, restent avant tout des anges.

Lorsque j'avais un trou de mémoire et que mon pianiste n'était pas là pour me souffler, mon ange gardien le faisait ! Enfin, l'un de mes anges gardiens !

Je savais que la harpe, c'était l'instrument des anges, mais ce que je ne savais pas, c'est qu'ils en jouaient aussi bien ! Lorsque je les ai entendus jouer à quatre mains sur ma harpe, les bras m'en sont tombés.

Un matin, mes anges gardiens m'ont soufflé à l'oreille d'une même voix :

– On vient prendre congé. Le temps qui nous était imparti est écoulé. Adieu ! Tu es assez grand pour te garder seul.

J'ai voulu les retenir, mais non seulement ils étaient invisibles mais également insaisissables ! Mes mains ne serraient rien. Vous dire quel était mon désarroi…

Je sentis leur présence s'éloigner.

– Donnez-moi au moins de vos nouvelles ! Faites-moi signe ! Je ne sais pas moi… Une preuve que vous avez existé… que je ne vous ai pas seulement rêvé, inventés…

– On vous l'enverra… vous l'enverra… verra… !

La vie reprit, solitaire. J'ai attendu quelque temps un signe, un appel... quelque frottement à droite ou à gauche... Rien !
Si bien, que très vite, j'ai douté de l'existence de mes anges gardiens jusqu'à penser que tout cela n'avait été que le fruit de mon imagination... un jeu de mon esprit... Lorsque, un jour, j'entendis des petits coups frappés derrière la vitre de ma fenêtre, comme des petits coups de bec ! Qu'y avait-il derrière la vitre ? Deux petits oiseaux qui se ressemblaient comme des frères... et dont les battements d'ailes semblaient me dire :
– Garde-toi bien !
C'étaient deux mésanges.

Apparition-disparition

Mesdames et messieurs, hier soir, j'ai fait un final époustouflant... fabuleux... que je ne peux pas refaire ce soir... Vous allez comprendre pourquoi. Je ne sais pas ce qui m'a pris ; j'ai voulu finir sur un coup de théâtre, un feu d'artifice...
J'ai dit :
– Mesdames et messieurs, je vais vous faire apparaître le bon Dieu !
Un coup de bluff !... Une fois que c'est dit, c'est dit :
– Et voici, comme promis, le bon Dieu !

Il était là... l'index levé, beau comme un... dieu.

Lequel de nous deux était le plus surpris ?

Dans la salle, stupeur ! L'atmosphère est devenue lourde...

Il y en a qui sont tombés à genoux... D'autres... *(Signe qu'ils se sont esbignés.)* Cela dépendait des confessions...

Il y a un prêtre qui a crié :

– Ah non, pas à moi !

Certains ont consulté le programme pour voir s'il était annoncé...

Comme la chose risquait de s'éterniser, j'ai dit au bon Dieu :

– Dites quelque chose !

Il n'avait rien préparé !

Dans la salle, un silence religieux... Un ange est passé...

Il m'a fait... *(Signe d'impuissance.)*

Mais c'est quand j'ai voulu le faire disparaître que les ennuis sont apparus... Il ne voulait pas ! J'avais beau lui faire signe de disparaître...

Dans la salle, il y a eu des messes basses... Un doute a plané...

Quelqu'un, dans la salle, a crié :

– Et alors ?

Tout à coup, j'ai vu son doigt qui faisait ça... *(Signe d'approcher.)*

Là, j'ai été pris de panique. J'ai dit :

– Pourvu qu'il ne me demande pas de le remplacer.

Je me suis approché... Ce n'était pas le bon Dieu. C'était une statue le représentant... mais à s'y méprendre !

J'ai voulu toucher du doigt pour voir en quelle matière la statue était faite...

Dans la salle, les spectateurs :

– Attention, il y a un petit supplément. *(Rappel du sketch « Le penseur ».)*

Je lui ai dit :

– Regagnez votre niche !

Il ne voulait pas !

Là, j'ai dit :

– Mon Dieu, puisque c'est vous qui avez fait apparaître cette statue, je vous en supplie, faites-la disparaître !

Je vois la statue en état d'apesanteur... s'élever dans les airs et... arrivée à peu près à trois mètres de hauteur, le public... qui applaudit...

Elle est redescendue pour saluer... Paf ! En miettes !

Vous comprenez pourquoi je ne peux pas le refaire ce soir !

La cloche fêlée

Le surlendemain du jour de Pâques, alors que je passais devant l'église, le curé qui en sortait me fit signe en levant les bras au ciel :

– Avez-vous reçu la lettre que je vous ai envoyée ?

– Non ! Je ne suis pas encore passé chez moi…

Je m'approchai.

– À propos de quoi ?

– C'est à propos de la cloche de notre église. Il lui est arrivé quelque chose de fâcheux, elle est fêlée.

– Depuis quand ?

– Depuis Pâques. La cloche de notre petite église qui était partie vaillamment pour Rome, ainsi que le veut la coutume, a eu sur le chemin du retour un accident… Elle a heurté une autre cloche.

– En plein ciel ?

– En plein ciel !

– Il y a eu des témoins ?

– Aucun ! Le choc, paraît-il, a été terrible. Il a été entendu à vingt lieues à la ronde. Notre petite cloche, qui ne sait pas mentir, a reconnu qu'elle était dans son tort. Les frais de réparation des deux cloches sont pour la paroisse. Si vous pouviez, ainsi que tous les fidèles, participer aux frais de restauration, pour vous montrer notre reconnaissance, nous donnerons à la cloche le prénom de votre épouse.

– Oui ! La cloche Simone, cela sonne bien !

– Je pense qu'elle prendra cela comme un honneur… Chaque fois que la cloche tintera, on dira : « Tiens, voilà Simone qui sonne ! »

Depuis, Simone a tellement l'habitude de s'entendre sonner que, lorsque la cloche s'est tue trop longtemps, elle a le bourdon !

Dieu et les foudres de guerre

Deux hommes qui se font la guerre réclament tous deux la protection divine.
– Dieu est avec moi, dit l'un !
– Dieu me soutient, dit l'autre !
Dieu, qui doit arbitrer le combat, ne sait comment départager ces deux belliqueux qui aiment la guerre.
Dieu :
– Saint Pierre ! Parle-moi un peu de ces deux foudres de guerre qui veulent en découdre... Lequel des deux est le plus méritant ?
– Pour ne rien vous cacher, Mon Seigneur, ce sont deux espèces de cuistres, des brutes épaisses... Le visage de l'un est taillé au couteau... Celui de l'autre à la serpe... avec des cous de taureaux...
– À quoi ressemblent-ils ?
Saint Pierre (embarrassé) :
– À les en croire, ils seraient tous deux faits à votre image...
Dieu (vexé) :
– Merci ! Pourquoi veulent-ils s'étriper ?
– À les entendre... pour la bonne cause !

Dieu et les foudres de guerre (dessin de Raymond Devos).

– Tous deux ?

– Oui, tous deux !

– Sont-ils de bons chrétiens ?

– Avec ferveur, à ce qu'il me semble !

– Voilà qui ne va pas simplifier les choses… Ils se réclament tous deux de moi. Ils sollicitent mon arbitrage suprême… Je ne connais pas ces gens-là. D'accord, c'est moi qui les ai créés et à mon image. Mais mon image, à quoi ressemble-t-elle ? Mon image, ils ont dû la déformer, ce n'est pas Dieu possible… y mettre un peu du leur… D'abord, quelle est-elle réellement, mon image ? Je ne l'ai jamais vue. Je ne peux me la représenter. Dans le royaume des cieux, les miroirs sont bannis… Il serait peut-être nécessaire qu'ils voient mon visage, qu'ils voient ma véritable apparence… Saint Pierre !

– Seigneur ?

– À qui je ressemble ?

– À vous-même ! Vous êtes tel qu'en vous-même.

– Mais encore ?

– Je suis bien embarrassé pour vous répondre, Seigneur ! Vous êtes rayonnant !

– Mais encore ?

– Lumineux !

– Mais encore ?

– Radieux !

– Mais mon aspect physique extérieur, pouvez-vous me le décrire ?

– !!
– M'en faire une esquisse…
– !!
– Je ne sais pas moi, un portrait-robot !
– (Scandalisé.) Oh, Seigneur ! Vous en robot ?
– À la limite…
Saint Pierre :
– Mais Seigneur, où avais-je la tête ? J'ai là une représentation de vous… en dur…
Dieu :
– Montre ! Montre-moi !
Lorsque Dieu se vit, il s'écria :

– Ah, les vilains, les manants ! Ils m'ont fait à leur image ! Ainsi, ces deux guerriers, ces deux forts en gueule qui me prient, me prient en se regardant ! Si bien qu'ils se font une idée de moi… d'après eux ! Si bien que leur « Dieu avec nous » signifie en clair « Moi avec nous ! » ou mieux « Moi avec moi ! ». J'accepterai d'arbitrer le combat en promettant le ciel à celui qui perdra le combat. Les deux guerriers pourront alors refuser de se battre !

Il n'y a pas de pardon

Il n'y a pas de pardon. Les gens sont sans pitié…
Dès qu'un être est déchu, on l'accable.

L'exemple le plus frappant, c'est le diable...
Avant d'être le diable, qui était-il ?
Un ange, c'est-à-dire un petit saint à qui on donnait le bon Dieu sans confession. On l'encensait...
Et voilà que, parce que ce petit ange a fait une bêtise, on lui met tous les péchés du monde sur le dos.
Tous les bons apôtres crient haro sur le baudet, lui font les pires misères...
Ils tentent le diable, le tirent par la queue...
Ils le damnent et l'envoient en enfer *ad vitam aeternam* !
Il n'y a pas de pardon, les gens sont sans pitié.
À ce petit jeu-là, qu'arrive-t-il ?
Il arrive que tous ces petits saints à qui on donne le bon Dieu sans confession, à force de tenter le diable, ils finissent par faire une bêtise...
Alors là... pas de pardon !
On leur met tous les péchés du monde sur le dos !
Les gens sont sans pitié.

LE RIRE

Le rire de Bergson

Dès que l'on parle du rire, on pense à Bergson.
Malheureusement, très peu de gens connaissent Bergson.
Pour mémoire, Bergson était un très grand philosophe qui a écrit tout un livre sur la signification du comique intitulé *Le Rire*.
Il faut avoir lu *Le Rire* de Bergson.
Sa théorie tient en une phrase : du mécanique plaqué sur du vivant.
Il explique scientifiquement pourquoi lorsqu'un homme tombe par terre, les gens rient. Bergson a beaucoup compté pour moi.
À mes débuts, j'étais comme bien des gens...
Je n'avais pas lu le livre de Bergson. J'essayais de faire rire par mes propres moyens...
Un soir, au théâtre – le public était assez restreint –, pressé de faire mon entrée, j'entre avec ma valise, je glisse... et je m'affale de tout mon long. Pas un rire !...
Sauf celui de Bergson qui était dans la salle. Ah, le rire de Bergson !

Celui qui n'a pas entendu Bergson rire ne sait pas ce que c'est que le rire.

Le spectacle terminé, je sors et je me reflanque par terre. Pas un rire sauf... celui de Bergson.

Je rentre dans ma loge. On frappe. C'était Bergson qui me dit :

– Savez-vous pourquoi les gens n'ont pas ri lorsque vous êtes tombé ? Parce qu'ils n'ont pas lu mon bouquin !

Je lui dis :

– Vous savez, moi non plus !

– Cela ne me surprend pas. Si vous l'aviez lu, vous sauriez pourquoi lorsqu'un homme tombe, les gens doivent rire systématiquement. S'ils n'ont pas ri, c'est que vous êtes mal tombé !

Et il m'explique pourquoi... Je le cite :

– Un monsieur court dans la rue... Il est en retard. Il n'a qu'une idée... fixe, évidemment : arriver à l'heure ! Une pierre se trouve sur son chemin. Il aurait fallu changer d'allure ou contourner l'obstacle. Mais, par manque de souplesse, par distraction ou obstination du corps, par un effet de raideur ou de vitesse acquise, les muscles ont continué d'accomplir le même mouvement, quand les circonstances demandaient autre chose. C'est pourquoi l'homme est tombé comme une pierre. Et c'est de quoi les gens rient !

J'ai dit :

– J'ai compris.

Le lendemain soir, au théâtre, il n'y avait personne dans la salle, sauf… Bergson.

J'étais en retard… Je n'avais qu'une idée… fixe, évidemment : ne pas rater mon entrée.

J'entre et je bute sur une pierre que Bergson avait fait placer là à mon insu.

Évidemment, je tombe, mais dans les règles.

Je déclenche le même rire que la veille, celui de Bergson.

Ah, le rire de Bergson !

Celui qui n'a pas entendu Bergson rire ne sait pas ce que c'est que le rire.

Il me dit :

– Bravo ! Vous y êtes. C'est irrésistible… Je vous enverrai du monde.

Et dès le lendemain, il y avait huit cents Bergson dans la salle. Ils avaient tous lu son bouquin. Depuis, chaque fois qu'il venait me voir, il me racontait des histoires dont la chute me faisait rire… mais rire !

Le drame, c'est que, à chaque fois que je riais, il m'expliquait pourquoi !

LA SCIENCE

Des hommes et des souris

Mesdames et messieurs, vous connaissez la nouvelle ? La nouvelle découverte scientifique ?

Les souris et les hommes ont des gènes similaires. C'est formidable !

C'est mon cousin qui me l'a appris. Il est bien placé pour le savoir. Il est chercheur au CNRS. Il fait des expériences sur les souris.

Récemment, il me téléphone. Il me crie :

– Ça y est !

– Quoi ?

– Elle a souri !

– Qui ?

– Ma souris !

– Ta souris... t'a souri ?

– Oui, mon vieux ! Viens voir ça !

– J'accours !

Arrivé au centre de recherches, mon cousin me fait entrer dans une salle, la salle Emmenthal dont les murs mous et jaunes étaient pleins de trous...

Des souris y entraient. D'autres en sortaient, la bouche pleine… Il y avait des souris partout ! Des milliers de souris…

– Où est-elle, ta souris qui sourit ?

– Attends, je cherche… ah… à tes pieds !

Il me désigne une souris qui se dressait sur ses deux pattes arrière et qui, avec ses deux autres pattes, se tenait les côtes… Elle souriait de toutes ses deux dents de devant.

– Ah, m'exclamai-je, elle a le même sourire que *La Joconde* !

– Voilà qui confirme la parenté qui existe entre la souris et la femme…

– Sauf que la femme, comme dit le poète, est l'avenir de l'homme !

– Plus maintenant ! L'avenir de l'homme, c'est la souris !

– Il n'y a que la souris qui rit ?

– Non, l'âne aussi ! L'âne rit mais on ne sait toujours pas pourquoi. C'est ça, la vacherie !

– Et le rat ? Est-ce que le rat rit ?

– Rarement ! Il est rare qu'un rat rie !

– Pourquoi ?

– Parce que c'est suicidaire. Un rat qui rit est un rat mort ! Tandis qu'une souris qui rit vit beaucoup plus longtemps qu'un rat mort… *(Rectifiant :)* Je veux dire qu'une souris qui ne rit pas ! Au train où vont les choses, nous aurons dans pas longtemps des souris centenaires.

– Elles nous enterreront tous !

– Pas sûr ! Parce que, parallèlement, à partir de savantes manipulations génétiques, je suis arrivé à mettre au point un élixir qui fera peut-être de chaque homme un bicentenaire !

– C'est fabuleux ! J'espère que tu as déposé ton invention.

– Pas encore !

– Cours le faire !

– J'irai dès demain matin.

Le lendemain, il me téléphone :

– Trop tard ! Quelqu'un d'autre a déposé avant moi le même projet…

– Quand ?

– Il y a plus de cent ans.

– Comment s'appelle son élixir ?

– La Jouvence de l'abbé Soury !

Je lui dis :

– Qu'est-ce que c'est ces cris que j'entends ? C'est ta souris qui couine ?

– Non, c'est moi !

– Pourquoi couines-tu ?

– Parce qu'il n'y a que ça qui amuse ma souris !

Réflexions sur rien

J'ai failli perdre la raison pour rien, je veux dire à cause du mot « rien ».

Primitivement, quand on me posait la question :
– Qu'est-ce que c'est « rien » ?
Je répondais bêtement, spontanément :
– Rien ? C'est rien !
Et je passais à autre chose.
Mais depuis que j'ai appris que, en langage soutenu, rien = substance inanimée de qualité nulle… Bien que dans rien sa quantité soit nulle, je me suis dit que c'était tout de même une substance !
C'est là où j'ai commis une erreur.
J'ai pris « substance » dans le sens « matière », au lieu de le prendre dans son sens abstrait.

J'ai cru que « rien » pouvait se palper, se toucher !
« Ne touche à rien ! » ne veut-il pas dire : « Ne touche pas à quelque chose » ?
Donc, « rien » doit pouvoir se voir…
J'ai donc observé attentivement « rien » pendant des heures et je n'ai rien vu.
Je me suis obstiné. Dès qu'il y avait « rien » quelque part, je m'y précipitais.
J'étais déçu. Il y avait toujours quelque chose.
Je ne suis pas le seul à m'intéresser à « rien ».
Récemment, dans la rue, il y avait un attroupement.
Les gens semblaient regarder quelque chose.
Je m'approche. Je m'informe auprès de quelqu'un :
– Que se passe-t-il ?

Il me répond :

– Rien !

Et il se met à regarder de plus belle !

Je lui dis :

– Mais je ne vois « personne » !

– C'est ce que nous regardons en substance.

– Je ne comprends pas.

– Si ! Savez-vous ce que c'est que « personne » ?

– Non !

– Personne = substance animée de quantité nulle...

– C'est comme « rien » !

– À une différence près : c'est que « rien » est une substance inanimée alors que « personne » est une substance animée. Ce n'est pas rien.

– Personne ne le conteste !

LE SPORT

Dieu du stade

– Papa, papa !
– Mon petit ange ?
– Si Dieu existait de nos jours, de quoi aurait-il l'air ?
– Comment ça ?
– À quoi ressemblerait-il ?
– Tu veux dire à qui ?
– Oui ! À qui... au pape, papa ?
– Non ! Lui, il est le représentant perpétuel, hors concours. Attends ! Il faut que je réfléchisse... Voyons... D'abord, il ne serait plus « invisible ». Avec la télévision, il serait même connu et reconnu de tout le monde. Donc, à quoi ressemblerait-il, me demandes-tu ?
– Oui ! C'est pour me faire une idée.
– Eh bien, si je me fie au « Top 50 », il aurait le visage de Zidane, le footballeur, le dieu du stade. Évidemment, il ne serait pas seulement un dieu du stade, mais le dieu créateur du Ciel et de la Terre...
– Comment s'y serait-il pris ?
– D'abord, le monde n'existait pas encore... Dieu, Zidane, devant ce vide sidéral, prit peur. Peut-être se le dit-il à

haute voix : « Le silence éternel des espaces infinis m'effraie. » D'autres après lui reprendront la formule, mais le créateur, c'est lui !

– Zidane ?

– Zidane, le footballeur ! Il s'est dit : il faut que je fasse quelque chose de mes dix doigts... Quelque chose qui aurait la forme de... il ne savait pas très bien encore... il mimait avec ses mains cet objet virtuel qui aurait une forme ronde, sphérique... Et, à force de se frotter les mains... cet objet a fini par exister... Il est devenu palpable, non encore identifié mais ayant l'aspect, disons d'une petite Lune... A-t-il été influencé par elle ? Zidane s'est mis à jouer avec elle, à la lancer, à la rattraper, à la lâcher aussi lorsqu'il a vu qu'elle rebondissait... Il saisit la balle au bond. Il s'est amusé à la faire passer d'un pied à l'autre... Devant, derrière, d'un côté, de l'autre ! Puis il la fit passer devant lui, puis à l'aile droite, puis l'aile gauche, puis d'une talonnade, au sud ! Il venait de désigner les quatre points cardinaux, ce qui lui permettait d'orienter son travail. Il savait dans quelle direction aller : droit au but !

– Dis donc, papa ?

– Oui ?

– Ton dieu... Le footballeur...

– Ce n'est pas le mien, c'est le tien !

– Mon Dieu, tu l'as déjà entendu chanter ?

– Quoi ?
– *La Marseillaise* !
– Non !
– Il ne la sait pas.
– Peut-être ne sait-il pas la chanter ?
– Pour un dieu du stade, c'est un handicap.
– Et si on prenait Johnny Hallyday ?
– Il n'est que deuxième au « Top 50 ».
– On peut toujours essayer. Voyons voir ce que cela donnerait. On remet les compteurs à zéro. Big bang ! Pas de problème... Et tout à coup, dans un rai de lumière qui tombe du firmament, est apparu Dieu ! Le dieu Johnny... Beau comme... un footballeur ! Quand il a vu cet immense espace vide qui s'étendait à perte de vue, il s'est dit : « Il faut remplir ça ? » Il a failli abandonner le métier de chanteur. Il a murmuré : « Le silence éternel des espaces infinis m'effraie ! »
– C'est ce qu'avait dit le footballeur !
– Tu sais, dans ces cas-là, on redit tous à peu près les mêmes choses ! Et tout à coup, il a eu une vision futuriste : les espaces infinis étaient noirs de monde ! Alors... comme le footballeur avait créé de toutes pièces le ballon rond, Johnny a façonné une guitare électrique et, tout en la grattant, il s'est mis à chanter *Souvenirs, souvenirs* ! Qui aurait pu prédire à l'époque, que, quelque quinze milliards d'années-lumière plus tard, il reprendrait le même air avec le même succès et les mêmes souvenirs ? Et que

Zidane continuerait à jouer au ballon comme un chat avec une souris et à marquer des buts, tandis que Johnny ne cesserait de marquer des points ? Émulation ou rivalité ? Deux dieux ! Deux noms… de dieu ! Et puis, il y a eu le jour où Zidane a lancé le ballon trop loin. Il s'est mis à tourner autour de la Terre « comme la Lune », dit Johnny. Il est allé la décrocher et il l'a rapportée à Zidane. Alors, le stade s'est levé comme un seul homme ! Spontanément, il s'est mis à chanter une vibrante *Marseillaise*. Stupeur ! Entre-temps, le Marseillais Zidane avait appris l'hymne des footballeurs… « Qu'un sang impur abreuve nos sillons. » Était-ce le début d'une chorale ou la naissance d'une équipe de football ? Alors, fiston, à toi de jouer ! Si Dieu était visible de nos jours, à qui ressemblerait-il finalement ?

– À l'abbé Pierre !

– Pourquoi ?

– Parce que… *Souvenirs, souvenirs* ! se mit à chanter mon rejeton en faisant rebondir son ballon !

Dossard n° 8

C'est l'histoire d'un coureur cycliste… connu sous le nom de dossard n° 8 qui n'avait jamais gagné une course… et qui en rendait son vélo responsable. Chaque fois qu'il perdait, c'était la faute de son vélo qui n'avait pas suivi.

Pourtant, son vélo, c'était sa vie. Il l'appelait « ma petite reine », comme tous les amoureux de la bicyclette. Sa petite reine, c'était sa chose. C'était sa drogue. Il ne cessait de la bichonner, de la chouchouter, de la dorloter.

En course, pendant les longues étapes... de peur qu'elle s'ennuie, il faisait le clown, l'acrobate... Il se tenait debout sur son vélo, un pied sur le guidon, l'autre sur la selle... et il commentait à sa façon le déroulement de la course. La petite reine apprenait ainsi que le dossard n° 8 était en excellente position...

Malgré ses excentricités, il demeurait son coureur préféré, son favori...

Et un jour qu'il courait le Tour de France, dans les Pyrénées, pendant l'ascension du Tourmalet, alors que, pour une fois... il était en tête, que le sommet était en vue... (que tous les espoirs étaient permis), comme il s'apprêtait à produire son effort, à gagner les hauteurs, il sentit sous lui sa petite reine qui donnait des signes de faiblesse... Un coureur chevronné aurait aussitôt changé de vélo... Mais lui, l'idée même de se séparer de sa petite reine... Ne courait-il pas que pour elle ? Et elle... ne roulait-elle pas que pour lui ? Entre eux, c'était pour le meilleur et pour le pire.

– Regarde, lui dit-il, tous ces gens qui t'encouragent ! Ils sont tous debout... c'est l'ovation ! Ce n'est pas le moment de flancher.

Et pourtant, il avait beau appuyer sur les pédales, sa petite reine refusait d'avancer.

Ça y est, pensa-t-il, elle me refait le coup du coup de pompe.

Obligé de mettre pied à terre !

Une fois de plus, sa petite reine le lâchait. Il releva son vélo. Pour se donner une contenance, il saisit le guidon de sa petite reine… comme on prend un enfant par la main.

– Ce n'est rien, cria-t-il à la foule, une simple défaillance !

Il n'en fallait pas plus pour que la foule, émue, touchée par le geste, se mette à chanter la chanson d'Yves Duteil, *Prendre un enfant par la main*.

Mais, à l'intérieur de lui-même, le dossard n° 8 pestait. Il en voulait à sa petite reine. Il fulminait… « Après tout ce que j'ai fait pour elle ! »

Il eut un mouvement d'écœurement et de révolte.

Il propulsa son vélo avec une telle force, une telle violence que, sous la formidable poussée, la petite reine partit comme une flèche, prenant tout de suite trois puis quatre longueurs d'avance.

– Attends-moi ! lui cria-t-il.

Trop tard ! Elle avait déjà atteint le sommet du Tourmalet, détachée…

Il ne restait plus au dossard n° 8 qu'à terminer l'ascension à pied, en faisant le clown, comme d'habitude, pour masquer sa détresse.

Il mima le coureur cycliste titubant qui court après son vélo qui lui a échappé des mains. La seule chose qui le réconfortait, c'était de voir que la petite reine l'attendait…

Il la rejoignit sous les applaudissements.

– Excuse-moi, ma petite reine ! lui dit-il. Je ne savais pas que j'avais le biceps plus puissant que le mollet ! J'ai dû me tromper de métier… Au lieu d'être coureur cycliste, j'aurais mieux fait d'être lanceur de poids. Bon, ce n'est pas tout ça, petite reine, la course n'est pas jouée. Tu as assuré la montée. Je prends le relais, je me charge de la descente.

Il faut dire qu'en roue libre, il était imbattable. Là, il était le roi de la montagne.

– Allez, en selle !

Il enfourcha son vélo et se lança dans la descente sur Gavarnie à tombeau ouvert.

Et soudain, ce fut le drame. Un tournant trop rapidement négocié, mal maîtrisé, le dérapage !

Tandis que le coureur n'en finissait plus de glisser sur son dossard n° 8, la petite reine alla s'abîmer – le mot n'est pas trop fort – au fond du ravin.

On n'en retrouva que la fourche arrière posée sur la selle avec la roue tendue vers le ciel… La roue tournait encore.

Épilogue : qu'est devenu notre dossard n° 8 ? Eh bien, en mémoire de sa petite reine, par fidélité, par amour... depuis, il fait un numéro de clown sur monocycle dans un cirque, le cirque de Gavarnie.

LE THÉÂTRE

Autoprésentation

L'artiste entre, après avoir cherché quelqu'un autour de lui :

– Où est le présentateur ?

Le pianiste :

– Comment ?

L'artiste :

– Où est le présentateur ?

Le pianiste :

– !!

L'artiste :

– Il n'y a pas de présentateur ? Bravo ! Alors, moi, on ne me présente pas. Je ne suis pas présentable, peut-être ? Bon ! Eh bien… je me présente tout seul… Ah, ce n'est pas facile de se présenter tout seul ! Parce que si je dis mon nom, on va dire : « On le sait ! » Si je ne le dis pas, on va dire : « Qui est-ce ? » *(Prévenant toute contestation éventuelle :)* Oh ! Eh ! Je me présente le plus simplement possible… Voilà ! *(Belle attitude.)*

Le pianiste :

– Ça a changé !

L'artiste :

– Ah ! Ça a changé ! Vous vous souvenez il y a dix ans ? J'entrais en scène comme ça... *(Attitude relâchée.)* Et aujourd'hui, comme ça ! *(Belle attitude ferme.)* Eh bien, entre ça *(Attitude relâchée)* et ça *(Attitude ferme)*, il y a dix ans de travail de contorsion !

L'épée de Damoclès

(L'artiste prend sur le piano un brigadier. Il le montre au public.)

J'ai acheté ça chez un antiquaire. Je cherchais ce que l'on nomme au théâtre un brigadier. C'est un bâton avec lequel on frappe les trois coups.

Et en passant devant la vitrine d'un antiquaire, je vois cet objet qui ressemblait à ce que je désirais. J'entre et je lui dis :

– Je voudrais cet objet.

– Ah, me dit-il, c'est une épée !

– Une épée ? On dirait un gourdin...

– Non, monsieur, une épée ! Attention, pas n'importe quelle épée ! C'est l'épée de Damoclès. C'est une pièce de musée authentique.

– Vous pouvez me le prouver ?

– Oui !

Il me la met au-dessus de la tête. J'ai tout de suite senti venir un danger, comme une menace… J'ai dit :

– J'achète ! Est-ce que je peux aussi frapper les trois coups ?

– Un seul suffira !

– Bon ! Mais… il n'y a pas de fourreau ?

– Si !

– Où est-il ?

– Au-dessus de votre tête ! Parce que, chez Damoclès, ce n'était pas l'épée qui était menaçante, mais le fourreau !

– J'achète le fourreau aussi !

Il me dit :

– Je vous l'enveloppe ?

Je lui dis :

– Quoi ? L'épée ou le fourreau ?

– Non, votre tête ! Un accident est si vite arrivé…

– J'achète l'enveloppe aussi !

Savez-vous, mesdames et messieurs, pourquoi je l'ai achetée, cette épée de Damoclès ? C'est pour que vous ne la sentiez pas toujours planer au-dessus de vos têtes ! Soyez donc rassurés !

Rassurez-vous, je l'ai reléguée au magasin des accessoires… où elle rend de grands services… en qualité de brigadier !

Raymond Devos « joue » avec le brigadier,
distinction qu'il vient de recevoir
des mains de Jacques Chirac en 1994.

Le brigadier

Mesdames et messieurs, je voudrais avant toute chose vous présenter cet objet. C'est un personnage de théâtre. C'est ce que l'on nomme un brigadier ! C'est le bâton de maréchal de l'homme de théâtre... Il sert à frapper les trois coups. Malheureusement, on ne s'en sert plus beaucoup. Et c'est dommage. Parce que, pour obtenir le silence, il n'y a pas mieux ! Jugez plutôt :

Roulements... la salle s'apaise.

Premier coup... les gens se taisent.

Deuxième coup... les gens écoutent.

Troisième coup... le rideau s'ouvre... et le spectacle commence !

Ce que l'on ne sait pas, c'est que le régisseur... en coulisse, après avoir frappé les trois coups, ne dépose pas tout de suite son brigadier...

Celui-ci pourrait éventuellement remplacer au pied levé quelque accessoire manquant, défaillant.

Exemple : Arlequin entre sur scène... Il joue un petit sketch intitulé « La carotte et le bâton ». Il s'aperçoit qu'il a oublié son bâton. Il fait un petit signe en coulisse. Aussitôt, le régisseur lui lance le brigadier. Hop ! Et le spectacle continue. Si le spectateur se demande où est passée la carotte... Arlequin retourne le bâton. Hop ! La carotte est au bout.

Le marquis a oublié sa canne ? Hop ! Le régisseur lui lance le brigadier. Et le spectacle continue !

La carmélite… son cierge ?… Hop ! Le brigadier.

Le flûtiste… sa flûte ? On lui glisse le brigadier sous le nez… et comme il est fait du bois dont on fait les flûtes, l'illusion est totale !

Merci !

Et si… c'est le régisseur qui a oublié son brigadier ?

Alors là… aussitôt… hop ! Arlequin lui lance son bâton.

Le marquis… sa canne.

La carmélite… son cierge.

Le flûtiste… sa flûte. Et comme elle est en bois dont on fait les brigadiers, l'illusion est totale !

Et le régisseur frappe les trois coups !

La cantonade

Vous savez, mesdames et messieurs, que, lorsqu'un acteur parle en s'adressant à un personnage qui n'est pas en scène sans paraître s'adresser précisément à quelqu'un, il parle à la cantonade.

Vous me direz :

– Qui est la cantonade ?

Ce que l'on appelle la cantonade, ce n'est pas une personne, c'est un lieu.

C'est un lieu où se trouvent les personnages dont on parle dans la pièce et que l'on ne voit jamais sur scène.
C'est l'antichambre de la scène en quelque sorte.
C'est la salle d'attente d'un tas de personnages en puissance...
C'est là où se trouvent les personnages virtuels qui attendent que les comédiens les interpellent.
Note : ce sont des personnages en quête d'auteur. C'est là que Pirandello devait recruter ses futurs interprètes. Ce sont des personnages qui font banquette.
Elle est située... en bordure de scène, de chaque côté de celle-ci.

Il y a une cantonade côté jardin et une cantonade côté cour.
Il y a aussi une cantonade dans les cintres mais on ne l'interpelle que lorsqu'on s'adresse au Seigneur : « Dieu ? »
Comme vous le voyez, le comédien, même lorsqu'il semble seul sur scène, est très entouré.
Lorsque, dans Molière, Tartuffe dit : « Laurent, serrez ma haire avec ma discipline et priez pour que toujours le ciel vous illumine... » – pour mémoire, la haire est une chemise de crin et la discipline une sorte de fouet –, il y a des spectateurs qui croient entendre Laurent répondre.
Une spectatrice à son voisin :
– Qu'est-ce qu'il a dit ?
– Qui ? Tartuffe ?

– Non ! Laurent !

– Je n'ai pas compris...

Voilà ce que Laurent pourrait dire s'il avait existé. Laissons-lui la parole pour une fois :

– Dès que le comédien ou le personnage sur scène m'interpelle... qu'il m'appelle Laurent, les gens m'imaginent. Ils me « voient » comme ils l'entendent. Ils interprètent mes silences. Ils me donnent un visage, un masque ! Chacun voit le sien. Je suis le personnage, invisible certes, mais d'autant plus présent. Je suis le personnage qui porte et change le plus souvent de masques ! Si bien que, s'il fallait décrire l'intérieur d'une cantonade, il faudrait la comparer à ces boutiques de farces et attrapes où sont accrochées au mur, exposées, des figures en carton-pâte... représentant des personnages connus, célèbres, des vedettes de l'actualité, de la politique, du show-biz. Attention ! Je ne suis pas un béni-oui-oui ni d'ailleurs un béni-non-non, je ne réponds pas, c'est tout ! Mais dès que le comédien m'interpelle, j'existe !

Les chapeaux

L'artiste, au pianiste :

– Oh, monsieur !

– Oui, monsieur ?

Le jongleur de chapeaux (dessin de Raymond Devos).

– Je vais vous faire un numéro original, du jamais vu…

Il jongle avec trois chapeaux en les mettant l'un après l'autre sur la tête. La première fois, il s'arrête avec le melon sur la tête…

Musique de films de Laurel et Hardy.

Il mime Hardy dans une expression, un geste le caractérisant.

Le pianiste, l'interrompant :

– C'est bien, ça ! Mais ce n'est pas nouveau. Je l'ai vu faire par Laurel et Hardy.

– Oui ! Mais moi, je le fais sans Laurel !

Le pianiste :

– Oui, mais…

L'artiste :

– Ah non, mais d'accord ! Si Laurel et Hardy l'ont fait avant moi… *(Il salue en retirant son chapeau.)* Chapeau ! Moi, je veux vous présenter de l'original, toujours de l'original ! *(Il se remet à jongler.)* Du jamais vu ! *(Il s'arrête avec le canotier sur l'œil.)* Alors là… le canotier sur l'œil et une petite musique dessous… « Prosper… Youp la boum… c'est le chéri de ces dames… »

Le pianiste l'accompagne. Il plaque un accord.

Le pianiste :

– C'est bien mais ce n'est pas nouveau non plus. Je l'ai vu faire par Maurice Chevalier.

– Ah ! Ah non, mais si Maurice Chevalier l'a fait avant moi, chapeau !

Il salue avec le canotier. Il se remet à jongler avec les trois chapeaux.

L'artiste :

– De l'original ! Du jamais vu ! *(Il s'arrête avec le haut-de-forme sur la tête.)* Alors là... ! Avec un numéro de claquettes dessous !

Il exécute un numéro à la Fred Astaire. Le petit numéro terminé, le pianiste :

– C'est bon ! Ah, c'est bon ! Mais je l'ai déjà vu faire par Fred Astaire... et en mieux !

– En mieux peut-être mais comme ça ?

Le pianiste :

– Comme ça, jamais !

– Ah non ! Mais si Fred Astaire l'a fait avant moi... Alors là, je vais vous étonner. Voici un numéro entièrement original, du jamais vu !

Il exécute un numéro de son invention. Il empile les trois chapeaux sur sa tête.

Le pianiste :

– Alors là, chapeau ! Je n'ai jamais vu faire ça par personne !

– Alors ?

– Alors, si personne ne l'a fait avant vous, c'est que ce n'est pas bon !

Charlot mimant la panthère rose (dessin de Raymond Devos).

Charlot

J'aurais voulu être Charlot, l'immigrant, arrivant à New York et découvrant la statue de la Liberté.

J'ai le chapeau, la canne...

Les chaussures ?

(Il regarde les siennes, écarte les pieds et imite la démarche de Charlot.)

Oui ! Il n'y a pas que les chaussures... Je n'ai pas la pointure !

Un jour, comme je posai ma plume sur le papier pour y tracer quelques mots, ma plume dérapa et je rayai ma page d'un trait noir...

Un peu plus loin, je fis une grosse tache ronde et à mon grand étonnement, je vis cette tache prendre forme, la forme d'un chapeau melon...

J'avais évoqué les deux accessoires représentant le personnage de Charlot.

Pourtant... il manquait un petit quelque chose pour que cette évocation soit complète.

Eh oui, bien sûr ! La moustache...

Il manquait la célèbre petite moustache...

Je la ponctuai du bout de ma plume, comme un point sur un *i*.

La demande en mariage

(Écrit en 1985 et abandonné, suite au « mariage » de Coluche et Le Luron.)

(L'artiste entre, un chapeau sur la tête et des gants à la main.)

Mesdames et messieurs... excusez le côté cérémonieux... c'est pour une demande en mariage... Voilà ! Nous ne nous connaissons qu'en partie... la première, la deuxième débutant à peine... et déjà... j'éprouve pour vous un sentiment profond... comment dire ?... D'amour !

Votre brillante intelligence, votre extrême sensibilité, votre charme...

Je ne parle pas de votre beauté... vous êtes dans la pénombre... je distingue mal vos traits, mais je vous fais confiance ! Bref ! Je suis tombé amoureux de vous !

Éperdument ! Je vous le dis tout à trac : c'est le coup de foudre !

L'accueil que vous m'avez fait, si chaleureux, m'autorise à penser que vous n'êtes pas tout à fait insensible à mon humour. Me trompai-je ?

En conséquence, j'ai l'honneur de vous demander de m'accorder vos mains... Merci !

Passons tout de suite à la cérémonie ! Je me pose tout d'abord la question rituelle :

– Toi, le comique...

– Moi ?

– Oui, toi, le rigolo… consens-tu à prendre pour public l'assemblée ici présente ?

Je réponds d'une voix ferme :

– Oui !

– Bon ! Vous, l'assemblée… l'adorable assemblée – je mets toutes les chances de mon côté –, consentez-vous à prendre pour comique le rigolo ici présent ?

Trois éventualités.

Si l'assemblée répond : « Non ! », l'artiste a intérêt à supprimer ce sketch de son répertoire.

Si l'assemblée ne répond pas, l'artiste peut toujours dire, pour s'en sortir : « Ne répondez pas tout de suite ! Réfléchissez ! Prenez votre temps ! Nous avons encore une deuxième partie devant nous ! Le comique, c'est sérieux ! Eh, il s'agit de se distraire ensemble pendant toute une vie ! Cela peut ne pas être drôle tous les jours ! »

Si l'assemblée répond : « Oui ! », comme un seul homme (ce qu'il faut souhaiter) : « Holà ! Attendez, pas si vite ! Il faut réfléchir avant de répondre ! Le comique, c'est sérieux ! Il s'agit de se distraire ensemble pendant toute une vie ! Cela peut ne pas être drôle tous les jours ! Quant à ceux qui n'ont pas dit oui, je suis sûr qu'ils ne le pensaient pas, puisqu'ils n'ont pas dit non. »

Je nous déclare donc unis par les liens du comique pour le meilleur et pour le rire…

Il ne me reste plus qu'à me donner à vous… en spectacle !

L'état d'apesanteur : le pianiste est en lévitation au-dessus de sa chaise (photo Pascal Bouchain).

L'état d'apesanteur

(L'artiste s'assied sur une chaise placée au coin du piano et s'adresse à son pianiste.)
Tout à l'heure, lorsque je vous ai dit que je quittais le sol, que je m'élevais dans les airs, c'était pour les besoins du sketch... parce que la lévitation, ça n'existe pas ! *(Ce disant, l'artiste s'élève dans les airs au-dessus de sa chaise.)* Ça n'existe pas ! Exemple : vous comprenez bien que moi qui suis plus lourd que l'air et même plus lourd qu'il n'en a l'air, je ne vais pas quitter le sol et m'élever dans les airs par la grâce du Saint-Esprit ! Ou alors, pour les besoins de la publicité... pour vanter une huile légère... légère... *(L'artiste redescend tandis que son pianiste s'élève à son tour. Au public :)* J'ai beau lui dire que la lévitation, ça n'existe pas, il y croit encore ! *(Au pianiste :)* Descendez de là-haut ! Vous êtes ridicule... *(Le pianiste redescendant.)* Et puis, vous m'avez donné tort devant tout le monde ! Vous auriez pu l'éviter !

Nounours

Si vous le permettez, je voudrais vous montrer quelque chose que vous n'avez jamais vu !
C'est l'artiste, avant qu'il n'entre en scène...
Il est dans sa loge...

Il est comme un ours en cage...

Il tourne en rond... jusqu'à ce que l'on frappe à sa porte :

– Nounours, ça va être à toi...

– Non ! Rrr... Je ne veux pas y aller ! Je n'ai pas envie de jouer ! Je ne suis pas en forme...

Silence. Un peu plus tard, on frappe :

– Nounours, ça va être à toi dans cinq minutes...

– Rrr, j'ai dit non ! Vous n'avez qu'à rembourser tout le monde. Fallait pas vendre la peau de l'ours avant de l'avoir tuée !

Silence. Un peu plus tard, on frappe :

– Su-sucre !

– Mmmm...

Il fait mine d'approcher avec beaucoup de méfiance. Il entrouvre la porte. On la coince avec le pied.

– Le collier ! La chaîne... Les coups de bâton dans les reins !

– Musique, s'il vous plaît !

Il fredonne un début d'entrée classique.

– La la la... la la la...

– Allez, vas-y Nounours, danse ! Danse, Nounours !

Il mime la danse de l'ours.

– Maintenant, Nounours, dis ton texte !

L'ours, après une respiration :

– Bonne nuit, les petits !

La bête de scène (dessin de Raymond Devos).

Il sort à reculons en répétant :
– Bonne nuit, les petits ! Bonne nuit, les petits !

Des paquets d'applaudissements

À la fin de son spectacle, l'artiste reçoit des paquets d'applaudissements, des salves d'applaudissements, que dis-je, des gerbes d'applaudissements !
La scène en est jonchée. Rideau ! Ce que le public ne voit pas, c'est que, sitôt le rideau fermé, l'artiste ramasse ses applaudissements... Il y en a... il y en a !

Il en a plein les bras. Il peut à peine les contenir.
Il y en a qui retombent. Il les ramasse à nouveau.
Comme il va pour sortir de scène, le régisseur lui dit :
– Monsieur, vous avez oublié quelques applaudissements sur le plateau !
Et l'artiste répond avec superbe :
– C'est pour le personnel !

Les rideaux

Il se passe des choses étranges dans ce théâtre ! De temps en temps, il y a un rideau qui se met à bouger...
Tenez ! Regardez, là... il y a un rideau qui vient de bouger... Vous voyez ?... Il remue encore !

Chaque fois que je vois un rideau bouger... j'ai l'impression qu'il y a quelqu'un derrière qui se cache, un poignard à la main, qui épie et qui guette...

Il attend que quelqu'un passe devant le rideau pour l'éventrer par-derrière ! Cela me fait penser au théâtre de Shakespeare qui se joue dans des rideaux, comme ici. Il y a une scène où Hamlet voit un rideau bouger. Il comprend que l'amant de sa mère s'est caché derrière... Alors, Hamlet prend les devants, sort son épée, se précipite sur le rideau en s'écriant : « Tiens ? Un rat ! »

Il enfonce son épée et tue l'assassin de son père qui est aussi l'amant de sa mère. Il fait d'une pierre deux coups.

Un jour, j'ai vu un rideau s'agiter... J'ai voulu faire comme Hamlet... Je me suis approché du rideau... J'ai crié : « Halte ! On ne bouge plus ! Tu es fait comme un rat. Sors de là si tu es un homme ! »

Et tout à coup, j'ai vu se glisser sous le rideau... devinez qui ?... Une petite souris ! Ah ! Panique dans la salle ! Il y a même des spectatrices qui sont montées sur leur siège. J'ai voulu plaisanter : « Dieu, qu'il est petit l'amant de ma maman et l'assassin de mon papa ! »

Parce que je suis un humoriste !

Mais sérieusement, je vous assure que, lorsque je vois un rideau bouger, j'en ai froid dans le dos... comme vous, sans doute !

Mesdames et messieurs, je vais vous demander un service. Lorsque je suis face à vous et que vous voyez le rideau derrière moi bouger, prévenez-moi ! Vous n'avez qu'à me dire : « Rideau ! Rideau ! »

Non, pas « rideau » ! Parce que, derrière le rideau de scène, il y a le régisseur, dès qu'il entend rideau, il le ferme !

Non ! Vous n'avez qu'à me faire comprendre par geste que…

Discrètement, hein !… Non, vous n'aurez qu'à me dire : « Le scélérat est là ! »

(Le pianiste, intervenant discrètement :)

– Il est là !

Qui ?

– Le scélérat.

Le scélérat est là ?

– Oui !

Pas de panique ! *(Au pianiste :)* Continuez de jouer ! Continuez ! Faites comme si de rien n'était !

(Il fait comprendre au public qu'il a bien localisé l'endroit du rideau. Il s'approche, mine de rien, du rideau incriminé.)

Sors de là, scélérat ! Tu es fait comme un rat !

(Il soulève rapidement le rideau. On a le temps d'apercevoir la silhouette du pianiste. L'artiste laisse tomber aussitôt le rideau. Il réfléchit un instant et se dirige vers le pianiste.) Vous auriez pu le dire que c'était vous !

(L'artiste avance vers le public.)

Mesdames et messieurs, ceci n'est qu'une farce. Une farce que nous vous avions faite le 1er avril de l'année dernière. Si on continue de la jouer, c'est que l'on n'a pas encore amorti le prix de la silhouette sur contreplaqué !

Le trou du souffleur

(L'artiste, parlant de son pianiste.)

Quand je l'ai connu, il était souffleur dans un théâtre. Il soufflait le texte aux comédiens quand ils avaient un trou de mémoire.

Avant, à l'avant-scène, il y avait ce qui s'appelle le trou du souffleur. Lui, il était dans le trou...

Moi, j'étais devant et je faisais un numéro de mime... Je mimais la marche contre le vent, un fort vent debout. Et lui, il soufflait !

Et moi... *(Il reprend la marche contre le vent.)*

Et à un moment, il a eu une défaillance. Plus de souffle ! Le souffleur a eu un trou ! Alors, moi, j'ai arrêté de marcher contre le vent... Il n'y avait plus de vent...

Alors, j'ai soufflé : « Soufflez ! Soufflez ! »

Dans la salle, les gens : « Du vent ! Du vent ! »

J'ai dit : « Mesdames et messieurs, le souffleur étant à bout de souffle, il est sorti prendre l'air. »

Alors, les gens :
- Oh...
– Si vous voulez que je continue de faire la marche contre le vent, vous n'avez qu'à souffler vous-même !
Et toute la salle a soufflé. Je peux vous la faire si vous voulez. Vous voulez ? Je la fais bien ! Sans me vanter... À vous de décider. Vous allez souffler et je vais marcher contre le vent. À trois ! Un, deux, trois ! Soufflez !
(La salle souffle. L'artiste, reculant sous l'effet du souffle :)
Pas si fort ! Pas si fort !
(Au pianiste :) Ils ont un souffle à dérouler les cors de chasse !

LE VÉCU

À lundi

Le jour de mon quatre-vingtième anniversaire, mon attachée de presse et d'autant plus amie avait organisé, sans que je le sache, une rencontre avec tous mes amis, merveilleux amis, au théâtre Marigny.

Sans que je le sache, je le répète… sans cela, où serait la surprise ?

La date retenue était un lundi.

Seulement voilà que, dans l'intervalle des jours qui ont précédé, chaque fois que je rencontrais un de ces amis, il me quittait en disant :

– Alors, à lundi !

Lundi ? Ah oui, j'avais rendez-vous avec lui lundi ?

Je ne me souvenais plus pourquoi, mais enfin…

– Ah oui, à lundi ! On se revoit !

Même chose avec d'autres connaissances…

– Alors, à lundi !

– Hein ? Ah oui, disais-je, bien sûr, à lundi !

Un autre qui m'interpellait de loin :

– Alors ? On se voit lundi ?

– Bien sûr ! Avec les autres ! Il y aura du monde !

– Ah ça, ça promet !

Si bien que, très vite, je me suis surpris, lorsque je rencontrais quelqu'un, de lui dire en le quittant :

– À lundi !

Et un jour, l'un d'entre eux me dit, alors que je lui disais « À lundi ! » :

– Ah non ! Je ne pourrai pas être là !

– Ah, me suis-je surpris à lui dire, comme c'est dommage !

L'erreur monumentale

Confortablement assis sur la banquette arrière du taxi, mes pensées vont bon train.

Décidément, ces gens étaient bien gentils : non seulement ils m'avaient érigé une statue mais, de plus, m'avaient convié pour l'inaugurer.

Bien sûr, dévoiler sa statue devant tout le monde avait quelque chose d'impudique !

Mais quand on est un homme public…

– Qu'est-ce que cela vous fait d'être statufié de votre vivant ? me dit le chauffeur en me regardant dans le rétroviseur.

C'est vrai, pensai-je, en général, un homme statufié est un homme mort.

– Quel effet cela fait ?…

Je fais la sourde oreille, fasciné par cette première statue au milieu de cette place autour de laquelle nous tournons. Je m'informe auprès du chauffeur :

– Qui est-ce ?

– Aucune idée !

Nous quittons la place, laissant la statue d'« Aucune idée » derrière nous, et nous nous engageons dans la rue au bout de laquelle se dessine une autre statue. Est-ce la mienne ? Non, celle-ci est équestre.

– C'est la statue de qui ?

– Jamais su ! Nous l'avons surnommée la statue du brigadier-chef !

– Pourquoi ?

– Parce que c'est le cheval du brigadier-chef qui a servi de modèle... Il vit toujours d'ailleurs...

– Le brigadier-chef ?

– Non, le cheval !... Tenez, me lance le chauffeur, la voilà !

– Quoi ?

– Votre statue !

La voiture s'arrête. Les officiels se précipitent :

– Bienvenue !

– Un autographe, s'il vous plaît ?

– Tout à l'heure, dit l'un des officiels ! Tout à l'heure ! Venez, monsieur, me dit-il en m'entraînant vers la statue où d'autres officiels m'entourent...

– Mesdames et messieurs, dit le maire…

Premier discours. Il y en aura quatre !

– Et maintenant, cher Devos, nous allons dévoiler votre statue !

Un petit pincement au cœur. On me glisse une paire de ciseaux toute rouillée. Effectivement, le ruban qui maintient le voile de ma fantomatique silhouette résiste aux premiers cisaillements. Il cède enfin.

– Tirez ! me souffle une voix.

Je voudrais remettre les ciseaux à quelqu'un mais personne n'en veut. Je tire sur le ruban. Le voile tombe.

Stupeur ! Visiblement, manifestement, ce n'est pas moi, ni de face ni de profil !

De dos ? Il faudrait en faire le tour. Je n'en ai pas le courage… Je suis pétrifié…

Quelques personnes applaudissent. Ils devaient savoir pourtant, tous ces braves gens, du moins ceux qui me connaissaient ou qui m'avaient vu sur les affiches, ils devaient bien voir que cette statue ne me ressemblait pas !

Et… personne ne semble s'en apercevoir. Cela est pourtant tellement flagrant…

– On dirait Churchill ! dira quelqu'un un peu plus tard.

Je reste pétrifié, tenant encore à la main le voile qui recouvrait ma statue. Sans trop savoir ce que je fais, je m'en voile la face ! De honte ?

– Mesdames et messieurs, de me voir là… au pied de ma statue… à mes pieds… je…

Les gens applaudissent, ce qui me laisse le temps d'organiser mes phrases.

– Aujourd'hui, la vedette, ce n'est pas moi, c'est elle ! Je ne fais que la représenter… Si je ne trouve à ma statue que des vertus, vous allez dire que je me vante… Si je me découvre des imperfections, vous allez dire : il ne s'est pas bien regardé !

C'est alors que je distingue derrière la statue la devanture d'une boutique de sous-vêtements féminins…

Il ne manquait plus que ça ! Dieu merci, les dessous qui sont derrière la vitre ne sont pas apparents. La vitre reflétait non seulement le dos de ma statue mais moi devant, discourant !

La foule, qui écoute mon discours les yeux fermés, doit trouver ma statue ressemblante.

Et je termine en vantant les qualités du sculpteur qui a travaillé à l'identique.

La foule applaudit.

Mon premier réflexe, en regagnant l'hôtel, fut de m'enfermer dans ma chambre, de ne plus me montrer… de me terrer… de faire le mort !

Faire le mort ?… Un homme que l'on vient de statufier de son vivant ?

Allons, allons, me dis-je, tout cela est excessif.

Ne valait-il pas mieux faire face ?

Face ? Rien que de prononcer le mot… Face… face à la mienne (de face) qui me ressemblait si peu !

La nuit suivante, mon sommeil fut agité. Je fis un affreux cauchemar.

La porte de la chambre s'ouvrait violemment.

Ma statue se tenait dans l'embrasure.

J'ai cru tout d'abord que c'était un fantôme parce qu'elle était recouverte du drap qui la voilait avant l'inauguration.

Elle s'approcha de mon lit, laissa glisser le voile.

Dessous, c'était effectivement un ectoplasme, mais un ectoplasme de granit.

Arrivée au pied de mon lit, la pierre s'éleva, se mit à l'horizontale et se posa sur moi, comme une pierre tombale, mais molle…

Lorsqu'elle se souleva, je vis qu'elle avait gardé l'empreinte de mon corps en creux… Puis la forme finit par s'estomper.

Je me levai… et me regardai dans le miroir.

J'avais le physique et la tête de ma statue.

Le cri que je poussai me réveilla.

Qu'est-ce que tout cela pouvait signifier ?

Comment interpréter cette étrange visite ?

Que ma statue était modifiable ? Que la pensée pouvait influer sur la matière ?

– Demain, j'irai parler à ma statue, d'homme à homme...

Et, sur cette belle parole, je m'endormis.

Je décidai donc d'aller parler à ma statue. Après tout, Don Juan s'adressait bien au Commandeur, une statue de pierre qui lui répondait !

Le lendemain, dès la première heure, je me rendis sur la place. L'espoir que tout cela n'était qu'un mauvais rêve s'effondra. Ma statue était bien là...

– Statue, murmurai-je, sans te commander, regarde-moi bien en face ! Les yeux dans les yeux ! Peut-être qu'en toi, il y a aussi un cœur... C'est à ton cœur de pierre que je m'adresse. Tu vois, je ne veux pas faire de sentiments. Je m'adresse à toi, en bloc ! D'accord, tu es censée me représenter mais sur le plan de la ressemblance... tu peux mieux faire... Il ne faudrait pas grand-chose... quelques petites retouches... pour que l'on dise en te regardant : « Ah, c'est bien lui ! » Ah, quelqu'un vient. Je reviendrai te voir demain. Salut !

Sur le coup de midi, je fis mon apparition dans le hall de l'hôtel, un gros cigare entre le pouce et l'index... Un journaliste m'attendait.

Je portai le cigare à mes lèvres et, après avoir soufflé un épais rideau de fumée, je lançai à l'adresse du journaliste un *« Hello boy ! »* en brandissant les deux doigts en forme de V.

Le premier moment de surprise passé :

– Qui êtes-vous ? me dit le journaliste.

– Ma statue !

– Ah ! Je ne vous avais pas reconnu !

Je l'aurais embrassé. J'écrasai aussitôt mon cigare dans le cendrier.

– Et comme ça ?

– Encore moins !

Je l'aurais giflé.

Le lendemain, je revins en effet, toujours à une heure creuse…

Était-ce une illusion ?

Il me semblait que…

Mais oui ! Il y avait comme un léger changement. Ce n'était pas encore flagrant. Ce n'était encore qu'une intention mais moi qui me connaissais bien, je remarquai que le nez se voyait moins au milieu de la figure… À vérifier !

Le lendemain, non seulement confirmation du nez, mais… oui, les joues s'étaient légèrement creusées.

Huit jours durant, je fus le témoin d'une transformation quasiment miraculeuse…

Le neuvième jour, en regardant ma statue, j'ai eu l'impression de me voir dans une glace… Miracle ?… Victoire de l'esprit sur la matière ?

La transformation n'avait pas échappé aux passants. La nouvelle s'est répandue.

De partout l'on vint voir « la statue qui se bonifie ».
On en vint jusqu'à m'attendre à la sortie de l'hôtel pour voir si je ressemblais à ma statue !
– Ah, murmurait la foule, c'est bien elle !
Ce féminin me gênait. Et puis il y a eu ce coup de fil du sculpteur.
– J'ai un aveu à vous faire... à propos de la ressemblance de votre statue... Il n'y a pas de miracle. C'est moi qui, jour après jour, à l'heure où tous les chats sont gris, ai, sous le couvert de « réparer vos initiales », rectifié votre portrait !
Dommage pour l'irrationnel !
Mais tant mieux pour moi !

Je suis son père

En arrivant tout à l'heure à l'hôtel, j'entends le portier qui crie :
– Monsieur le directeur, Raymond Devos est arrivé !
Le directeur sort de son bureau, me voit, regarde autour de moi...
– Où est-il ?
Le portier me montre du doigt.
– Ah, me dit-il, c'est vous, Raymond Devos ?
J'ai dit :

– Non, je suis son père !
– Ah, monsieur, vous avez un fils extraordinaire !
Et il m'a dit tout le bien qu'il pensait de moi, sans que j'aie à en rougir.

Mon portrait

Chez moi, il y a un portrait me représentant. Eh bien, je me préfère en portrait qu'au naturel.
Au naturel, mon visage est toujours en mouvement… il grimace.

En portrait, il est figé. Il est immobile.
Quoi qu'il arrive, il ne bronche pas !
Dans la vie, que quelqu'un passe, qu'une mouche vole, qu'il y ait un courant d'air, que quelque chose me démange, je réagis.
Mon portrait, lui, imperturbable !
Une mouche vole ? Il garde toujours cette même expression de bonhomie.
Les gens passent ? Pas une ombre dans son regard toujours empreint d'une grande douceur…
Le courant d'air ? Le sourire est chaleureux, légèrement énigmatique…
Qu'une mouche aille se poser sur son nez ? Il ne louche même pas !

Que quelque chose le démange, il ne bronche pas !
Que je l'époussette, cela ne le chatouille même pas !
Parfois, je lui passe le plumeau sous le nez pour voir...
Et je ne vois rien ! C'est moi qui éternue !

Reconnu de dos

En venant ici, tout à coup, j'ai entendu que quelqu'un courait derrière moi.
Au moment où il est arrivé à ma hauteur, je me suis arrêté.
Il me dit :
– Ah, c'est bien vous, monsieur ! Je vous ai reconnu de dos !
– Oh, lui ai-je dit, vous ne pouvez pas savoir le plaisir que vous me faites. Cela fait des années que j'espérais que quelqu'un me reconnaîtrait de dos !
Le drame, c'est que plus ça va, moins on me reconnaît de face !

Le vieux prodige

Mesdames et messieurs, au piano, je suis ce qu'on appelle un vieux prodige !
Il n'y a pas beaucoup de vieux prodiges... D'abord, parce que cela n'a pas d'avenir...

Ensuite, les gens préfèrent les jeunes prodiges.
Vous savez qu'un jeune prodige… dès l'âge de 4 ans, il vous joue *La Petite Musique de nuit* de Mozart les yeux fermés, à la perfection ! À l'âge de 4 ans !
Non seulement il joue la *Symphonie inachevée* de Schubert entièrement… mais en plus, il la termine !
Moi, j'ai commencé à apprendre le piano à l'âge de 68 ans. J'en ai 78 !
Eh bien, mesdames et messieurs, avec seulement dix ans de piano derrière moi, je suis arrivé à jouer comme un enfant de 4 ans !
Je connais même un jeune prodige, surdoué… Dès l'âge de 2 ans, lorsque sa maman lui chante une berceuse, c'est lui qui l'accompagne au piano…
(Il égrène quelques notes du P'tit Quinquin *puis chante.)*
Dors, min p'tit quinquin
Min p'tit pouchin, min gros rojin
Te m'fras du chagrin
Si te n'dors point ch'qu'à d'main.
Il s'arrête très vite de l'accompagner pour ne pas réveiller sa maman !

Table

Mis en pages par Nord Compo
Imprimé en Italie par Grafica Veneta
Dépôt légal : avril 2008
ISBN 978-2-7491-0341-1